Die Besicherung von Konzernkrediten über so genannte
Ausstattungsverpflichtungen und andere Patronatserklärungen

Europäische Hochschulschriften
Publications Universitaires Européennes
European University Studies

Reihe II
Rechtswissenschaft

Série II   Series II
Droit
Law

Bd./Vol. 3918

PETER LANG
Frankfurt am Main · Berlin · Bern · Bruxelles · New York · Oxford · Wien

Till Hantke

Die Besicherung von Konzernkrediten über so genannte Ausstattungsverpflichtungen und andere Patronatserklärungen

PETER LANG
Europäischer Verlag der Wissenschaften

Bibliografische Information Der Deutschen Bibliothek
Die Deutsche Bibliothek verzeichnet diese Publikation in der Deutschen Nationalbibliografie; detaillierte bibliografische Daten sind im Internet über <http://dnb.ddb.de> abrufbar.

Zugl.: Hamburg, Univ., Diss., 2004

Layout:
Kumpernatz + Bromann,
Schenefeld bei Hamburg

D 18
ISSN 0531-7312
ISBN 3-631-52555-9
© Peter Lang GmbH
Europäischer Verlag der Wissenschaften
Frankfurt am Main 2004
Alle Rechte vorbehalten.

Das Werk einschließlich aller seiner Teile ist urheberrechtlich geschützt. Jede Verwertung außerhalb der engen Grenzen des Urheberrechtsgesetzes ist ohne Zustimmung des Verlages unzulässig und strafbar. Das gilt insbesondere für Vervielfältigungen, Übersetzungen, Mikroverfilmungen und die Einspeicherung und Verarbeitung in elektronischen Systemen.

www.peterlang.de

Inhaltsverzeichnis

Abkürzungsverzeichnis 9

A. Einleitung 13

B. Harte, weiche und sehr weiche Patronatserklärungen
    und der Hintergrund ihrer Verwendung 15
    I. Zum Begriff der Patronatserklärung 15
       1. Historische Konnotationen 16
       2. Entwicklung in der modernen Rechtspraxis 17
          a) Vermeidung von Kapitalverkehrssteuer 17
          b) Vermeidung von Bilanzvermerkpflichten 18
          c) Vermeidung einer Hinzurechnung nach § 1 AStG 19
          d) Entstehen weiterer Formen von Patronatserklärungen 20
       3. Folgerungen 22
    II. Patronatserklärungen und Konzernfinanzierung 23
       1. Überblick über die Möglichkeiten der Konzernfinanzierung 24
       2. Die Finanzierungssituation bei Verwendung
          von Patronatserklärungen 25
          a) Vermeidung von Eigenkapitalbildung bei dem Protégé 26
          b) Vermeidung von Eigenkapital ersetzenden
             Gesellschafterdarlehen 28
          c) Vermeidung der steuerlichen Risiken konzerninterner
             Darlehen 29
          d) Vermeidung eines strukturellen Nachranges des
             Kreditgebers 30
          e) Vermeidung des Abfließens von Kapital von dem Protégé
             durch Verwendung von Patronatserklärungen 34
          f) Vermeidung einer Offenlegung der wirtschaftlichen
             Verhältnisse nach § 18 KWG 35
       3. Folgerungen 36
    III. Grundfragen des Sicherheitswertes von Patronatserklärungen 37
       1. Patronatsverträge und ohne Rechtsbindungswillen
          abgegebene Erklärungen 39
          a) Vorliegen von Rechtsbindungswillen 39

b) Abschluss von Patronatsverträgen 41
c) Das Sonderproblem der Patronatserklärungen ad incertas
personas 43
2. Zum Sicherheitswert von „weichen"
und „sehr weichen" Patronatserklärungen 45
a) Haftung bei Verletzung von Leistungspflichten
aus „weichen" Patronatsverträgen 45
b) Haftung bei Verletzung von sonstigen Pflichten 49
c) Folgerungen 51
3. Die Sonderstellung der so genannten
Ausstattungsverpflichtung 52

C. Die so genannte Ausstattungsverpflichtung 55
I. Folgen einer wörtlichen Auslegung
der so genannten Ausstattungsverpflichtung 58
1. Zweifel an der Rechtsverbindlichkeit
einer Verpflichtung zur Ausstattung des Protégés 58
a) Mangelnde Bestimmtheit einer Verpflichtung zur
Ausstattung des Protégés 58
b) Das Bestimmtheitserfordernis im Recht der
Kreditsicherheiten 59
c) Möglichkeit eines Verstoßes gegen gesetzliche
Bestimmungen 65
2. Mangelnde Eignung der wörtlich verstandenen
Ausstattungsverpflichtung zur Kreditbesicherung 66
a) Mangelnde Klagbarkeit einer Verpflichtung zur
Ausstattung des Protégés 66
b) Zweifel an der angenommenen Dualität von Ausstattungs-
und Schadenersatzansprüchen 72
c) Probleme eines Sekundäranspruches aus den §§ 280 Abs. 1
Satz 1, 3, 283 Satz 1 BGB n.F. 74
II. Die Einstandspflicht des Patrons 77
1. Normative Auslegung der so genannten
Ausstattungsverpflichtung 78
2. Die inhaltliche Ausgestaltung der Einstandspflicht des
Patrons... 84
a) Einstandspflicht auch bei Überschuldung des Protégés 84
b) Die „Akzessorietät" der Einstandspflicht des Patrons 86

      c) Die Subsidiarität der Einstandspflicht des Patrons 87
   3. Juristische Einordnung der Einstandspflicht des Patrons 88
      a) Abgrenzung zum Schuldbeitritt 89
      b) Abgrenzung zum Kreditauftrag und zur Bürgschaft 90
      c) Einordnung als Garantieerklärung 92
 III. Verwendung der so genannten Ausstattungsverpflichtung
     im internationalen Rechtsverkehr 93
   1. Anwendbarkeit deutschen Rechts 94
   2. Folgen der Anwendbarkeit deutschen Rechts 98
   3. Gleichzeitiges Vorgehen gegen Patron und Protégé 99

D. Schlussbetrachtung 103

Literaturverzeichnis 107

Verzeichnis der zitierten Rechtsprechung 115

Abkürzungsverzeichnis

ABl.	Amtsblatt
ABl.	EG Amtsblatt der Europäischen Gemeinschaften
abl.	Ablehnend
AcP	Archiv für die civilistische Praxis
a.F.	alte Fassung
AGB	Allgemeine Geschäftsbedingungen
AGBG	Gesetz zur Regelung des Rechts der Allgemeinen Geschäftsbedingungen
AktG	Aktiengesetz
AO	Abgabenordnung
AStG	Außensteuergesetz
Aufl.	Auflage
BAG	Bundesarbeitsgericht
BB	Betriebs-Berater
begr.	Begründet
Bd.	Band
BFH	Bundesfinanzhof
BGBl.	Bundesgesetzblatt
BGB	Bürgerliches Gesetzbuch
BGH	Bundesgerichtshof
BGHZ	Bundesgerichtshof, Entscheidungen in Zivilsachen
BStBl.	Bundessteuerblatt
BuB	Bankrecht und Bankpraxis
DB	Der Betrieb
DStR	Deutsches Steuerrecht
DVStR	Deutsche Verkehrssteuer – Rundschau
EGBGB	Einführungsgesetz zum Bürgerlichen Gesetzbuche
EG	Europäische Gemeinschaft, auch Einführungsgesetz
EStG	Einkommensteuergesetz
EU	Europäische Union
EuGH	Europäischer Gerichtshof

EuGVÜ	Europäisches Gerichtsstands- und Vollstreckungsübereinkommen
EuZW	Europäische Zeitschrift für Wirtschaftsrecht
EWiR	Entscheidungen zum Wirtschaftsrecht
GmbHR	GmbH-Recht
HGB	Handelsgesetzbuch
GmbHG	Gesetz betreffend die Gesellschaften mit beschränkter Haftung
Hrsg.	Herausgeber
IdW	Institut der Wirtschaftsprüfer
IPR	Internationales Privatrecht
IPrax	Praxis des internationalen Privat- und Verfahrensrechts
InsO	Insolvenzordnung
KG	Kammergericht
KO	Konkursordnung
KStG	Körperschaftsteuergesetz
KWG	Gesetz über das Kreditwesen
LG	Landgericht
LM	Lindenmaier/Möhring Nachschlagewerk des Bundesgerichtshofs
MDR	Monatsschrift für deutsches Recht
NJW	Neue juristische Wochenschrift
NVwZ	Neue Zeitschrift für Verwaltungsrecht
m.w.N.	mit weiteren Nachweisen
n.F.	Neue Fassung
NVwZ	neue Zeitschrift für Verwaltungsrecht
OLG	Oberlandesgericht
RG	Reichsgericht
RGBl.	Reichsgesetzblatt
RIW	Recht der internationalen Wirtschaft
RL	Richtlinie
Rz.	Randzeichen
u.A.	und Andere
.a.	unter anderem
Univ. Diss.	Universitäts Dissertation

VersR	Versicherungsrecht
VG	Verwaltungsgericht
vgl.	vergleiche
VO	Verordnung
WuB	Entscheidungssammlung zum Wirtschafts- und Bankrecht
WM	Wertpapier-Mitteilungen
WpG	Die Wirtschaftsprüfung
ZGR	Zeitschrift für Unternehmens- und Gesellschaftsrecht
ZHR	Zeitschrift für das gesamte Handelsrecht und Wirtschaftsrecht
ZIP	ZIP: Zeitschrift für Wirtschaftsrecht
zugl.	zugleich
ZKW	Zeitschrift für das gesamte Kreditwesen
ZPO	Zivilprozessordnung

A. Einleitung

Bei der Besicherung von Krediten treten zuweilen Erklärung auf, deren rechtliche Einordnung schwer fällt. Hierzu zählen die so genannten Patronatserklärungen[1]. Als Patronatserklärungen werden Erklärungen bezeichnet, die Muttergesellschaften gegenüber einem Kreditgeber (meist einem Kreditinstitut) abgeben, um Tochtergesellschaften die Kreditaufnahme zu ermöglichen oder zu erleichtern[2]. Bei diesen Erklärungen handelt es sich also um „geborene Konzernsicherungsvereinbarungen"[3].

Mit der Erklärung wird ein Verhalten, das die Aussicht auf Kreditrückführung verbessert, versprochen oder zumindest in Aussicht gestellt. Neben Konzernmuttergesellschaften[4] geben Banken[5] und Versicherungen[6] sowie juristische Personen des öffentlichen Rechts[7] Erklärungen ab, die als Patronatserklärungen bezeichnet werden. Ausnahmsweise kann es auch zu Patronatserklärungen von natürlichen Personen kommen[8]. Ferner müssen Patronatserklärungen nicht stets gegenüber dem Kreditgeber abgegeben werden. Auch Erklärungen, die an den Kreditnehmer[9] oder an die Allgemeinheit[10] gerichtet sind, werden als Patronatserklärungen bezeichnet.

---

[1] Kohout (S. 2) sprach 1984 in Bezug auf diese Erklärungen sogar noch von „juristischem Dunkel".

[2] Hierbei handelt es sich um die allgemein übliche Erscheinungsform der Patronatserklärung. Möglich ist auch eine Abgabe durch die Tochtergesellschaft, wobei diese als Vertreterin der Muttergesellschaft auftritt, vgl. Michalski, WM 1994, 1229, 1230; Möser, DB 1979, 1569, 1470.

[3] Merkel, in: Lutter u.A. (Hrsg.), Konzernfinanzierung, § 17, Rz. 17.76.

[4] Vgl. etwa BFH, Urt. v. 29.11.2000 – I R 85/99, DStR 2001, 737 = IStR 2000, 312. Vorinstanz: Nieders. FG, Urt. v. 23.3.1999 – VI 357/95, DStRE 2000, 409.

[5] Vgl. Pesch, WM 1998, 1609, insbesondere zu Patronatserklärungen in Geschäftsberichten von Banken.

[6] Vgl. etwa OLG Düsseldorf, Urt. v. 28.11.1996 – 6 U 11/95, ZIP 1997, 27.

[7] Zur Abgabe von Patronatserklärungen durch Kommunen vgl. Maslaton, NVwZ 2000, 1351.

[8] In einer Entscheidung des OLG Nürnberg (Urt. v. 9.12.1998 – 12 U 2626/98, IPrax 1999, 464) war der Patron eine natürliche Person. Da es sich nach dem Sachverhalt um den „Alleineigentümer" des Protégés (einer US-amerikanischen Gesellschaft) handelte, kann aber wohl zumindest von maßgeblichem Einfluss auf die Geschäftsführung des Protégés und damit von einem konzernähnlichen Verhältnis ausgegangen werden.

[9] Möser, DB 1979, 1469, 1470; Schaffland, BB 1977, 1021, 1022.

Hinsichtlich des Erklärungsinhaltes bestehen nahezu unbegrenzte Variationsmöglichkeiten. Mit der so genannten Ausstattungsverpflichtung[11] erklärt der Patron gegenüber dem Kreditgeber, er werde seine Tochtergesellschaft (Protégé) „finanziell so ausstatten, dass sie stets in der Lage ist, ihren gegenwärtigen und zukünftigen Verbindlichkeiten ihnen gegenüber fristgemäß nachzukommen"[12]. Grundsätzlich kann aber jedes In-Aussicht-Stellen eines kreditfördernden Verhaltens durch einen Dritten eine Patronatserklärung darstellen. Der Begriff der Patronatserklärung ist ein Sammelbegriff[13].

Tatsächlich ist die Vielfalt der im Rechtsverkehr kursierenden Patronatserklärungen heute kaum mehr zu überblicken. Mit der Verwendung dieser Erklärungen im Bereich der Konzernfinanzierung besteht aber zumindest ein gemeinsamer Hintergrund aller Patronatserklärungen. Obgleich es stets auf die Auslegung der einzelne Patronatserklärung und damit auf Einzelfallgesichtspunkte ankommt[14], können daher allgemeine Aussagen zum Sicherheitswert von Patronatserklärungen getroffen werden. Dabei ist auf die so genannte „Ausstattungsverpflichtung" besonders einzugehen, weil diese Erklärungsform schon wegen der Häufigkeit ihrer Verwendung eine Sonderstellung unter den Patronatserklärungen einnimmt.

---

[10] Zu Patronatserklärungen an die Allgemeinheit, etwa in Geschäftsberichten von Banken, vgl. Habersack, ZIP 1996, 257; Pesch, WM 1998, 1609; Schneider, ZIP 1989, 619.

[11] Vgl. etwa BuB-Wittig, Rz. 4/2868; Staudinger-Horn, vor § 765, Rz. 412; Vertragshandbuch-Schütze, S. 430.

[12] Vgl. BGH, Urt. v. 30.1.1992 – IX ZR 112/91, NJW 1992, 2093 (= BGHZ 117, 127; ZIP 1992, 338; BB 1992, 600; MDR 1992, 367). Es handelt sich hierbei wohl um die bekannteste Entscheidung zum Bereich der Patronatserklärungen (vgl. etwa Anm. Obermüller, WuB I F 1 c Patronatserklärung 1.92; Anm. Geimer, LM BGB § 305, Nr. 57). Es ist allerdings zu beachten, dass der BGH auf die in diesem Fall vorliegende Patronatserklärung österreichisches Recht anzuwenden hatte.

[13] Bülow, Rz. 1399; BuB-Wittig, Rz. 4/2855; MünchKomm-Habersack, vor § 765, Rz. 44; Staudinger-Horn, vor §§ 765 ff., Rz. 405; Schneider, ZIP 1989, 619, 620.

[14] v. Westphalen, Rechtsprobleme der Exportfinanzierung, S. 385.

B. Harte, weiche und sehr weiche Patronatserklärungen und der Hintergrund ihrer Verwendung

Teilnehmer am Rechtsverkehr tun gut daran, Patronatserklärungen mit einer gewissen Vorsicht zu begegnen. Das Feld der Patronatserklärungen ist gekennzeichnet durch eine große Vielfalt von Erklärungsformen[1], bewusst unklare Formulierungen[2] und Zweifel an den lauteren Absichten der beteiligten Parteien[3]. Bevor auf die nach dem Sicherheitswert unterschiedenen Kategorien der „harten", „weichen" und „sehr weichen" Patronatserklärungen eingegangen werden kann, sind die Gründe für die unübersichtliche Lage auf dem Gebiet der Patronatserklärungen herauszuarbeiten.

I. Zum Begriff der Patronatserklärung

Die Bezeichnung „Patronatserklärung" hat sich erst nach und nach durchgesetzt. Früher war auch von Protektoratserklärungen, Patronatsgarantie oder Patronage die Rede[4]. Im Ausland werden ähnliche Erklärungen unter Schlagworten wie lettre de patronage (Frankreich)[5], declaración de patronato (Spanien) oder comfort letter (common-law Staaten)[6] behandelt[7]. In Deutschland wird heute im juristischen Sprachgebrauch ausschließlich die Bezeichnung Patronatserklärung verwendet. Durchgesetzt haben sich auch die Bezeichnungen „Patron" für die Muttergesellschaft und „Protégé"[8] für die kreditnehmende Tochtergesellschaft.

---

[1] Mosch (S. 43 ff.) untersuchte bereits Ende der Siebzigerjahre 26 damals kursierende Erklärungsformen. Diese Zahl hat sich bis heute signifikant erhöht.
[2] Bordt, WpG 1975, 28; Limmer, DStR 1993, 1750.
[3] Kohout (S. 22) sieht Anhaltspunkte für eine „Kalkulation mit der Rechtsunsicherheit".
[4] Fried, S. 53 ff.
[5] Rippert, Patronatserklärungen im deutschen und französischen Recht, Mainz, 1982.
[6] Horn, Patronatserklärungen im common law und im deutschen Recht, Frankfurt a.M., 1999, sowie Dilger, RIW 1989, 908; Wittuhn, RIW 1990, 495; Jander/Hess, RIW 1995, 730 (zur Rechtslage in den USA).
[7] Eine Übersicht zu ausländischer Rechtsprechung zu solchen Erklärungen findet sich bei Fleischer, WM 1999, 666, 667.
[8] Früher noch „Schützling", vgl. Möser, DB 1979, 1469, 1470.

1. Historische Konnotationen

Die Begriffe Patron und Patronat entstammen dem klassischen römischen Recht. Bereits die vorrepublikanische Gesellschaftsordnung kannte das Patronat als besonderes Verhältnis zwischen den Ständen. Dionysius von Halikarnass (um 30 v. Chr.) erklärt, bereits Romulus, der mythische Gründer Roms, habe dieses Institut gemeinsam mit der Einteilung des Volkes in Patrizier und Plebejer geschaffen. „Er vertraute die Plebejer den Patriziern an, indem er jedem Plebejer erlaubte, (...) sich seinen Patron zu wählen (...), und er nannte diese Schutzgewalt über die Armen und Niedrigstehenden Patronat"[9]. Mit der Fortentwicklung der römischen Gesellschaft kamen weitere Gruppen von Protegierten hinzu. Neben den in Rom ansässigen Ausländern handelte es sich hierbei um die freigelassenen Sklaven (liberti). Auch sie standen unter dem Patronat ihres Freilassers[10]. In ihrer Gesamtheit wurden die unter dem Patronat eines Patriziers Stehenden als Klienten bezeichnet. Das Patronat hatte in seiner ursprünglichen Form die Gestalt eines Vollrechtes, das sogar die Gewalt über Leben und Tod einschließen konnte[11]. Gegenüber dem Unterworfenen bestand eine Treuepflicht des Patrons, die späterhin Patrozinium genannt wurde[12]. Das Patrozinium verpflichtete den Patron ursprünglich unter anderem dazu, seinen Klienten vor Gericht beizustehen. Umgekehrt traf die Klienten die Pflicht, die Verbindlichkeiten des Patrons zu erfüllen, wenn diesem eine Geldstrafe auferlegt worden war[13]. Späterhin milderte sich das Patrozinium von einer rechtlichen zu einer nur gesellschaftlichen Abhängigkeit.

Als Patronat oder ius patronatus wird auch ein im 11. und 12. Jahrhundert aufgekommenes Institut des kanonischen Kirchenrechts bezeichnet. Hierbei handelte es sich um ein vererbbares und veräußerbares Recht des Kirchenstifters, der infolge der Abschaffung des Laieneigentums an Kirchen nicht mehr Eigentümer bleiben oder werden konnte. Das kirchenrechtliche ius patronatus gewährte dem Stifter und seinen Nachfolgern das Recht auf Vorschlag des Kirchengeistlichen und verpflichtete ihn zum Schutz „sei-

---

9 Dion. 2.9., zitiert nach Söllner, Einführung in die römische Rechtsgeschichte, S. 25.
10 Vgl. Dig. 37.14. „de iure patronatus".
11 Kaser, Römisches Privatrecht (Studienausgabe), S. 84.
12 H.J. Becker in Erler/Kaufmann (Hrsg.), Handbuch zur deutschen Rechtsgeschichte, Bd. 3, S. 1564.
13 Dion. 2.10. bei Söllner, Einführung in die römische Rechtsgeschichte, S. 26.

ner" Kirche. Im Notfall konnte er ein Recht auf Unterhalt geltend machen[14].

Die Patrozinium genannte Schutzpflicht des Patrons gewann ebenfalls eine neue Bedeutung im Kirchenrecht. Man verstand hierunter die Schutzherrschaft eines Heiligen über eine bestimmte Kirche. Dem Heiligen war das Kirchenvermögen anvertraut und er wurde in den entsprechenden Urkunden als rechtsfähige Person bezeichnet. Das Kirchenvermögen wurde dann gleichsam als geistliche Unternehmung „unter der Sachfirma des Heiligen"[15] betrieben.

2. Entwicklung in der modernen Rechtspraxis

Patronatserklärungen tauchen in der modernen deutschen Rechtspraxis seit Anfang der Sechzigerjahre auf[16]. Ihr Aufkommen ist eng mit steuer- und bilanzrechtlichen Problemen verknüpft. Insbesondere die als Ausstattungsverpflichtung bezeichnete Patronatserklärung wurde zur Umgehung solcher Vorschriften eingesetzt.

a) Vermeidung von Kapitalverkehrssteuer

Einer der Gründe für die Entwicklung der modernen Patronatserklärungen war die Novelle des Kapitalverkehrssteuergesetzes (KVStG) von 1959[17]. Das 1934 eingeführte[18] KVStG hatte die Besteuerung der Zuführung von Kapital an Gesellschaften zum Inhalt. Die betroffenen Gesellschaften versuchten die Steuerpflicht zu vermeiden, indem sie sich von ihren Gesellschaftern an Stelle von Kapital mit Darlehen versorgen ließen. Um dieser Umgehung entgegenzuwirken bestimmte § 3 Abs. 1 KVStG 1959, dass ein von dem Gesellschafter einer inländischen Gesellschaft an die Gesellschaft gewährtes Darlehen dann eine Gesellschaftssteuerpflicht begründe, wenn

---

14 P. Leisching, in: Erler/Kaufmann (Hrsg.), Handwörterbuch zur deutschen Rechtsgeschichte, Bd. 3, S. 1561.
15 P. Leisching, in: Erler/Kaufmann (Hrsg.), Handwörterbuch zur deutschen Rechtsgeschichte, Bd. 3, S. 1561.
16 Vgl. die Rechtsprechungsübersicht bei Fried, S. 55 ff.
17 Fassung des Gesetzes vom 24.7.1959, BGBl. I, 530. Inzwischen ist das KVStG durch das Finanzmarktförderungsgesetz vom 22.2.1990 (BGBl. I, 266) aufgehoben worden. In Österreich, wo die Kapitalverkehrssteuer 1934 ebenfalls eingeführt wurde, besteht diese Steuer aber noch fort (vgl. §§ 1, 3 KVG).
18 RStBl. 34, 1462.

durch das Darlehen eine nach der Sachlage gebotene Kapitalzuführung ersetzt wurde. Für die betroffenen Steuerpflichtigen war es nun nahe liegend, einen Dritten gegen Stellung von Kreditsicherheiten das Darlehen gewähren zu lassen. Dem trat aber § 3 Abs. 2 KVStG 1959 entgegen, der eine Steuerpflicht auch bei Gewährung von Kreditsicherheiten für Drittdarlehen statuierte. Dies war die Geburtsstunde der bis heute gebräuchlichen so genannten „Ausstattungsverpflichtung" [19]. Mit dieser Patronatserklärung erklärt der Patron gegenüber dem Kreditgeber, er werde die kreditnehmende Gesellschaft (Protégé) „finanziell so ausstatten, dass sie stets in der Lage ist, ihren gegenwärtigen und zukünftigen Verbindlichkeiten ihnen gegenüber fristgemäß nachzukommen"[20]. Hiermit, so meinte man[21], leistete der Patron keine Kreditsicherheit im Sinne von § 3 Abs. 2 KVStG 1959. Die Bestimmung des § 3 Abs. 2 KVStG 1959 wurde allerdings bereits 1971[22] aufgehoben, sodass unter dem Gesichtspunkt einer Gesellschaftssteuerpflicht heute kein Grund für die Verwendung von Ausstattungsverpflichtungen mehr besteht.

b) Vermeidung von Bilanzvermerkpflichten

Ausstattungsverpflichtungen wurden aber dennoch auch nach dem Wegfall des § 3 Abs. 2 KVStG 1959 weiter verwendet. Es hatte sich herausgestellt, dass unter Verwendung solcher Erklärungen auch die Umgehung weiterer Bestimmungen versucht werden konnte. Hierbei handelte es sich um Bestimmungen des Bilanzrechts, namentlich § 151 Abs. 3 Nr. 5 AktG 1965[23], dessen Regelungsinhalt sich inzwischen in § 251 HGB wiederfindet. Zu bilanzieren sind danach unter anderem Gewährleistungsverträge (§ 251 Satz 1 HGB). Zwar geht aus dem eben wiedergegebenen Wortlaut der Ausstattungsverpflichtung nicht klar hervor, dass mit dieser Erklärung eine

---

[19] Dieser Begriff findet sich etwa bei BuB-Wittig, Rz. 4/2868; Staudinger-Horn, vor § 765, Rz. 412; Vertragshandbuch-Schütze, S. 430.
[20] So wörtlich die Erklärung, die der Entscheidung BGH NJW 1992, 2093 zugrunde lag.
[21] Kamprad, DB 1969, 327 f.; a.A.: Erlaß des Bundesministeriums der Finanzen vom 31.10.1968, DVStR 1968, 72.
[22] Vgl. Art. 1 des Gesetzes zur Änderung des KVStG vom 23.1.1971, BGBl. I, 2134.
[23] BGBl. I, 1089. Die Bilanzierungsvorschriften des AktG wurden inzwischen durch das Bilanzrichtliniengesetz vom 19.12.1985 (BGBl. I, 2355) in das HGB überführt. Die Bilanzierungspflichtigkeit von Eventualverbindlichkeiten bestimmt sich nun nach den §§ 251, 268 Abs. 7 HGB.

Einstandspflicht für die Verbindlichkeit des Protégés begründet wird. Spätestens mit der Stellungnahme[24] des Instituts der Wirtschaftsprüfer (IdW) setzte sich jedoch die Ansicht durch, dass zumindest solche Patronatserklärungen zu bilanzieren sind, die eine bürgschafts- oder garantieähnliche Einstandspflicht des Patrons begründen. Hiernach wird heute für die Ausstattungsverpflichtung[25] fast einhellig[26] vertreten, dass sie als Eventualverbindlichkeit in der Bilanz des Patrons auszuweisen ist. Hieran wird sich auch dann nichts ändern, wenn in Zukunft über das Gemeinschaftsrecht[27] die internationalen Rechnungslegungsstandards (IAS) verstärkte Anwendung finden sollten. Nach diesen Bestimmungen (IAS 10.22.) ist in der Bilanz über Eventualverbindlichkeiten zu berichten, es sei denn, das Entstehen der Verbindlichkeit ist sehr unwahrscheinlich. Insofern gehen diese Bestimmungen noch weiter als die geltenden Regelungen des HGB[28]. Auch in der Umgehung von Bilanzierungsnormen liegt daher heute kein Grund mehr für die Verwendung von Ausstattungsverpflichtungen.

c) Vermeidung einer Hinzurechnung nach § 1 AStG

Ausstattungsverpflichtungen wurden zumindest in der Vergangenheit auch zur Umgehung von Normen des Außensteuerrechts verwendet. § 1 Abs. 1 AStG lautet:

> „Werden die Einkünfte eines Steuerpflichtigen aus den Geschäftsbeziehungen mit einer ihm nahe stehenden Person dadurch gemindert, dass er im Rahmen solcher Geschäftsbeziehungen zum Ausland Bedingungen vereinbart, die von denen abweichen, die von einander unabhängige Dritte unter gleichen oder ähnlichen Bedingungen vereinbart hätten, so sind seine Einkünfte unbescha-

---

[24] WpG 1976, 528.
[25] Zur Bilanzierungspflicht bei sonstigen Patronatserklärungen vgl. Mosch, S. 182 ff. In Betracht kommt zumindest eine Erwähnung im Anhang zur Bilanz, vgl. Jander / Hess, RIW 1995, 730, 734. Nach Bordt (WpG 1975, 285, 298) sind auch Patronatserklärungen, bei denen nicht ohne weiteres von einer Haftung des Patrons ausgegangen werden kann und bei denen der Haftungsbetrag nicht bestimmbar ist mit einem „Erinnerungsposten" zu erwähnen.
[26] Vgl. nur BuB-Wittig, Rz. 4/2867 und 4/2890 ff. m.w.N.; Wiedmann, § 251, Rz. 9, § 268, Rz. 24; Einschränkend allein Küffner (DStR 1996, 146, 150), der eine Ausweispflicht nur dann annimmt, wenn der Protégé zur Bedienung seiner Verbindlichkeiten tatsächlich einer Ausstattung bedarf. Dies dürfte jedoch fast immer der Fall sein.
[27] Vgl. VO (EG) 1606/2002, ABl. EG Nr. L 243, 1 („IAS-Verordnung") und RL (EG) 2003/51, ABl. EG Nr. L 178, 16.
[28] Wiedmann, § 251, Rz. 11

det anderer Vorschriften so anzusetzen, wie sie unter den zwischen unabhängigen Dritten vereinbarten Bedingungen ausgefallen wären."

Diese Vorschrift kodifiziert den international verbreiteten „dealing at arm's length Grundsatz"[29]. In Bezug auf die Verwendung von Ausstattungsverpflichtungen wird § 1 Abs. 1 AStG relevant, wenn eine inländische Muttergesellschaft solche Patronatserklärungen zur Besicherung der Kredite ihrer ausländischen Tochtergesellschaft abgibt, ohne hierfür eine Avalprovision zu verlangen. Hätte ein unabhängiger Dritter eine Bürgschaft für die Tochter abgegeben, so hätte er hierfür eine Provision verlangt. Die Finanzverwaltung erhöht daher in solchen Fällen die steuerrelevanten Einnahmen der Muttergesellschaft um den Betrag der üblichen Bürgschaftsprovision.

Diese steuerrechtliche Behandlung konzerninterner Finanzierungsoperationen wird kritisiert, weil sie deutsche Konzernmütter daran hindere über „Finanzierungstöchter" auf ausländische Kapitalmärkte zuzugreifen und so zu Wettbewerbsnachteilen führe[30]. Jedenfalls bei Verwendung von Patronatserklärungen als Kreditsicherheit könne § 1 Abs. 1 AStG nicht angewendet werden, weil in solchen Fällen nicht feststellbar sei, ob und in welcher Höhe ein „unabhängiger Dritter" eine Provision verlangt hätte[31]. Der BFH[32] hat inzwischen entschieden, dass zumindest Patronatserklärungen für ausländische Finanzierungsgesellschaften keine Hinzurechnungspflicht auslösen, da in solchen Fällen der Kredit wirtschaftlich allein der inländischen Muttergesellschaft zugute kommt. Dies wäre allerdings auch dann der Fall, wenn die Muttergesellschaft eine Bürgschaft stellt. Bei einer „normalen Geschäftsbeziehung" zu der Auslandstochter soll § 1 Abs. 1 AStG weiter Anwendung finden[33]. Insgesamt verspricht die Verwendung von Ausstattungsverpflichtungen daher auch im Hinblick auf § 1 AStG keine Vorteile.

d) *Entstehen weiterer Formen von Patronatserklärungen*

Neben die so genannte Ausstattungsverpflichtung sind im Laufe der Zeit weitere Patronatserklärungen getreten, die ebenso wie die Ausstattungsverpflichtung auch heute noch verwendet werden. Mit so genannten „Verhal-

---

29 Vgl. Flick/Wassermeyer/Becker, § 1, Rz. 6e.
30 Amelung / Sorocean, RIW 1996, 668, 671.
31 Kohout, S. 25; Michalski, WM 1994, 1229, 1231.
32 BFH, Urt. v. 29.11.2000 – I R 85/99, DStR 2001, 737, 738.
33 BFH, Urt. v. 29.11.2000 – I R 85/99, DStR 2001, 737, 738.

tenserklärungen"[34] stellt der Patron ein bestimmtes Verhalten, etwa die Beibehaltung konzernrechtlicher Verhältnisse zu dem Protégé in Aussicht (so genannte „Beibehaltungserklärungen"). Mit so genannten „Informationserklärungen"[35] teilt der Patron dem Kreditgeber Umstände mit, die möglicherweise kreditrelevant sind, oder er stellt in Aussicht, dies in der Zukunft zu tun. Neben diesen Gruppen von Erklärungen, die bereits eine Vielzahl von Spielarten umfassen, kursieren zahlreiche weitere Patronatserklärungen mit wesentlich unklarerem Inhalt. Zusammenfassend lässt sich sagen, dass der Patron mit diesen Erklärungen zum Ausdruck bringt, dass der Kreditgeber sich über die Kreditrückführung keine Sorgen machen müsse. Oftmals geschieht dies unter Hinweis auf das Ansehen[36] des Patrons, auf seine Geschäftspolitik[37] oder auf die Qualität des Managements des Protégés[38]. Im Rechtsverkehr kann es auch dazu kommen, dass all diese Arten von Patronatserklärungen und ihre Variationen miteinander kombiniert werden[39], weswegen eine abschließende Aufzählung gängiger Patronatserklärungen nicht möglich ist.

Das Entstehen dieser Vielfalt von Erklärungsformen neben der Ausstattungsverpflichtung lässt sich nicht allein damit erklären, dass die Ausstattungsverpflichtung sich zur Umgehung der eben erwähnten Vorschriften als ungeeignet erwiesen hat. Verweise auf das Ansehen und die Geschäftspolitik des Patrons stellen zwar – jedenfalls für sich genommen – keine Gewährleistungsverträge im Sinne von § 251 Satz 1 HGB dar und führen auch nicht zu einer Hinzurechnungspflicht nach § 1 Abs. 1 AStG. Gerade deswegen sind sie aber nicht mit Bürgschaften oder Garantien vergleichbar, und es muss verwundern, dass sie von Kreditgebern als Sicherheit akzeptiert werden. Hinweise auf die Marktmacht von großen Konzernen auf dem Kreditmarkt oder auf eine möglicherweise im Einzelfall stattfindende

---

34 Kohout, S. 250 ff.; Merkel, in: Schimansky/Bunte/Lwowski (Hrsg.), Bankrechts-Handbuch, § 98, Rz. 40 f.; Mosch, S. 95 ff.; BuB-Wittig, Rz. 4/2858.
35 Fried, S. 104 ff.
36 Vgl. etwa die Formulierung bei Obermüller, ZGR 1975, 1, 4.
37 So genannte Geschäftspolitikerklärungen, vgl. BuB-Wittig, Rz. 4/2863.
38 So genannte Management- oder Vertrauenserklärungen, vgl. das Beispiel bei Kohout (S. 255).
39 Grundlegend zur Kombination von Patronatserklärungen: Obermüller, ZGR 1975, 1 ff.

"Kalkulation mit der Rechtsunsicherheit"[40] können allein nicht die Vielfalt und weite Verbreitung der sonstigen Patronatserklärungen erklären.

3. Folgerungen

Der Bogen vom ius patronatus des römischen und kirchlichen Rechts zu den heutigen Patronatserklärungen ist lang. Grundsätzlich geht es hier um völlig verschiedene Rechtsinstitute. Wegen der Verwendung der Patronatserklärungen als Kreditsicherheit muss heute die Frage im Vordergrund stehen, ob und welche Zugriffsmöglichkeiten eine solche Erklärung dem Kreditgeber auf das Vermögen des Patrons gibt.

Es besteht aber zumindest eine Parallele zum kirchenrechtlichen ius patronatus, da auch die Ausstattungsverpflichtung, die Urform der heutigen Patronatserklärungen, ihre Entstehung einer Umgehungskonstruktion verdankt. Von Bedeutung für die rechtliche Beurteilung der heutigen Patronatserklärungen ist auch, dass mit dem Rückgriff auf die römisch-rechtlichen Begriffe Patron und Protégé das Bestehen eines Schutz- und Schirmherrschaftsverhältnisses zumindest suggeriert wird.

Die rechtliche Beurteilung der heutigen Patronatserklärungen wird durch die Vielzahl kursierender Erklärungsformen erschwert. Hinzu kommt, dass die Formulierung dieser Erklärungen oftmals wenig präzise ist. Der Ausstattungsverpflichtung und den Beibehaltungs- und Informationserklärungen lässt sich zwar ein konkreter Inhalt entnehmen, dessen Bedeutung für die Kreditbesicherung sich jedoch sofort erschließt. Dies gilt insbesondere im Hinblick darauf, dass sich in den betreffenden Kreditsituationen grundsätzlich eine Besicherung über Bürgschaften oder Garantien anbieten würde. Andere Erklärungen, wie die Geschäftspolitikerklärungen, bleiben dagegen jedenfalls zunächst völlig im Vagen. Es besteht daher zu Recht Einigkeit[41] darüber, dass der Begriff „Patronatserklärung" ein reiner Sammelbegriff ist, mit dessen Verwendung keine Aussage über den Sicherheitswert getroffen wird.

Die Frage nach den Gründen für die unklare Formulierung und die Vielfalt von Patronatserklärungen konnte bislang nicht befriedigend beantwortet werden. Die Umgehungsgesichtspunkte, die in der Vergangenheit zur Ent-

---

40 Kohout, S. 22.
41 Bülow, Rz. 1399; MünchKomm-Habersack, vor § 765, Rz. 44; Schneider, ZIP 1989, 619, 620; Staudinger-Horn, vor §§ 765 ff., Rz. 405; BuB-Wittig, Rz. 4/2855.

stehung der Patronatserklärungen geführt haben, können heute nicht mehr allein relevant sein. Die Verbreitung solcher Erklärungen im Rechtsverkehr lässt jedoch vermuten, dass die Verwender von Patronatserklärungen sich von diesen Erklärungen immer noch besondere Vorteile versprechen. Es liegt nahe, diese Vorteile in den Besonderheiten der Konzernfinanzierung zu suchen, bei der Patronatserklärungen eingesetzt werden.

II. Patronatserklärungen und Konzernfinanzierung

Eine Untersuchung der einschlägigen Rechtsprechung belegt, dass Patronatserklärungen ausschließlich im Konzernbereich verwendet werden[42]. Der Protégé ist gewöhnlich eine Kapitalgesellschaft, die von dem Patron kraft einer Mehrheitsbeteiligung beherrscht wird[43]. Es handelt sich also um Maßnahmen im Konzernbereich, und dem Patron stehen grundsätzlich alle Möglichkeiten der Konzernfinanzierung offen, um den Finanzbedarf des Protégés zu decken. Die Aufnahmen eines Kredits bei einem konzernexternen Kreditinstitut und die Besicherung über eine Patronatserklärung der Konzernobergesellschaft stellt nur eine unter vielen Finanzierungsmöglichkeiten dar.

---

[42] Lediglich in einer Entscheidung des OLG Nürnberg (Urt. v. 9.12.1996 – 12 U 2626/98, IPrax 1999, 464) war der Patron eine natürliche Person. Da es sich nach dem Sachverhalt um den „Alleineigentümer" des Protégés (einer US-amerikanischen Gesellschaft) handelte, kann aber wohl zumindest von maßgeblichem Einfluss auf die Geschäftsführung des Protégés und damit von einem konzernähnlichen Verhältnis ausgegangen werden.

[43] Vgl. BGH, Beschl. v. 12.7.1993 – II ZR 179/92, DStR 1993, 1753 (Vorinstanz: OLG Karlsruhe, Urt. v. 23.3.1992 – 15 U 123/91, DStR 1993, 486: 60%, weitere 30% des Kapitals des Protégés hielt der Geschäftsführer des Patrons; BGH, Urt. v. 30.1.1992 – IX ZR 112/91, NJW 1992, 2093: hier war der Protégé eine über eine 100%ige Tochter gehaltene Enkel-GmbH; BGH, Urt. v. 8.5.2003 – IX ZR 334/01, BB 2003, 1300: 75%; OLG Düsseldorf, Urt. v. 28.11.1996 – 6 U 11/95, ZIP 1997, 27: 100%; OLG Stuttgart, Urt. v. 21.2.1985 – 7 U 202/84, WM 1985, 455: 52%; LG München I, Urt. v. 2.3.1998 – 11 HKO 20623/97, WM 1998, 1285: hier gaben die beiden Gesellschafter des Protégés (25% und 75%) eine gemeinsame Patronatserklärung ab.

1. Überblick über die Möglichkeiten der Konzernfinanzierung

Betrachtet man den kapitalbedürftigen Konzernteil isoliert, so bestehen im Wesentlichen[44] drei voneinander zu unterscheidende Finanzierungsmöglichkeiten. Die so genannte Beteiligungsfinanzierung umfasst alle Formen der Beschaffung von haftendem Eigenkapital[45]. Demgegenüber wird bei der Kreditfinanzierung Fremdkapital aufgenommen[46]. Eine Selbstfinanzierung[47] der Konzernuntereinheit schließlich bedeutet, dass das Konzernunternehmen Gewinne aus dem Geschäft mit anderen Marktteilnehmern einbehält.

Auf den gesamten Konzern bezogen lässt sich danach differenzieren, ob dem kapitalbedürftigen Konzernteil Kapital von innerhalb oder außerhalb des Konzerns zufließt. Von diesem Blickpunkt aus lassen sich die Bereiche Konzern-Außenfinanzierung und der konzerninternen Finanzierung unterscheiden[48]. In den Bereich der Konzern-Außenfinanzierung fällt es, wenn eine Konzernuntergesellschaft gegen Kapitalerhöhung neue konzernexterne Gesellschafter aufnimmt (Joint Venture). Dies ist dann ein Fall der so genannten konzernexternen Beteiligungsfinanzierung, beziehungsweise der konzernexternen Eigenkapitalfinanzierung. Nimmt die kapitalbedürftige Konzernuntereinheit dagegen Kredit bei einer konzernexternen Bank auf, so spricht man von konzernexterner Kreditfinanzierung oder konzernexterner Fremdkapitalfinanzierung. Beteiligungen gegen Kapitalerhöhung und die Vergabe von Krediten können aber auch innerhalb des Konzerns vereinbart werden. Da das hierbei der Konzernuntereinheit zufließende Kapital zwar von außerhalb, aber doch aus dem gemeinsamen Konzern stammt, spricht man von konzerninterner Außenfinanzierung. Die hier möglichen Formen der Kapitalzufuhr werden entsprechend als konzerninterne Beteiligungsfinanzierung und konzerninterne Kreditfinanzierung bezeichnet. Nimmt das kapitalbedürftige Konzernunternehmen eine Selbstfinanzierung vor und bedient sich hierzu der Gewinne aus dem Umsatzprozess mit anderen Konzerngesellschaften, so führt dies zu der so genannten konzerninternen Innenfinanzierung. Nicht zum Bereich der konzerninternen Finanzie-

---

44 Diese Betrachtung lässt die Finanzierungseffekte von Rückstellungen im Sinne des § 249 HGB und verschiedene hybride Finanzierungsformen (Wandelanleihen, Optionen) außer Betracht.
45 Kessler, in: Lutter u.A. (Hrsg.), Konzernfinanzierung, § 36, Rz. 36.5.
46 Kessler, in: Lutter u.A. (Hrsg.), Konzernfinanzierung, § 36, Rz. 36.5.
47 Kessler, in: Lutter u.A. (Hrsg.), Konzernfinanzierung, § 36, Rz. 36.7.
48 Mannheimer, S. 17.

rung zählt es jedoch, wenn eine Konzerngesellschaft eine Selbstfinanzierung aus dem Umsatz mit konzernexternen Dritten vornimmt. Hier findet keine Umverteilung von Kapital innerhalb des Konzerns statt. Wegen der Konzernzugehörigkeit des eine solche Selbstfinanzierung vornehmenden Unternehmens fließt der gesamten Wirtschaftseinheit Konzern Kapital zu. Diese Finanzierungsform bezeichnet man als Konzern-Innenfinanzierung[49].

2. Die Finanzierungssituation bei Verwendung von Patronatserklärungen

Der Verwendung von Patronatserklärungen liegt die folgende Finanzierungssituation zugrunde: Ein externer Kreditgeber (in der Regel eine Bank) wendet dem kapitalbedürftigen Protégé darlehensweise Kapital zu, und der Patron stellt für den Kredit eine Sicherheit in Form einer Patronatserklärung. Es liegt damit eine Entscheidung für eine Form der konzernexternen Fremdkapitalfinanzierung vor, bei der auf die Stellung von klassischen Kreditsicherheiten verzichtet wird. Dies verwundert zumindest auf den ersten Blick, weil eine konzernexterne Fremdfinanzierung unter Verzicht auf klassische Kreditsicherheiten hier nicht unbedingt als die geeignetste Form der Kreditbesicherung erscheint.

Erste Zweifel an der Geeignetheit dieser Finanzierungsalternative ergeben sich aus dem besonderen Verhältnis von Patron und Protégé. Zumindest in Fällen der 100%igen Beteiligung an dem Protégé verfolgt der Patron mit der Begünstigung der Kreditaufnahme allein eigene Zwecke. Zumindest bei wirtschaftlicher Betrachtungsweise ist der Protégé dem Patron voll zuzurechnen. Wirtschaftlicher Kreditnehmer ist der Patron und nicht der Protégé. Es läge daher grundsätzlich nahe, dass der Patron auch den Kreditvertrag abschließt und juristischer Schuldner der Kreditverbindlichkeit wird. Die Darlehensvaluta könnte er konzernintern an den von ihm beherrschten Protégé weiterleiten. Eine solche konzerninterne Kreditfinanzierung könnte auch wirtschaftliche Vorteile bringen, da die gewöhnlich mit einer besseren Bonität ausgestattete Muttergesellschaft möglicherweise bessere Kreditkonditionen erlangen könnte als der Protégé.

Weitere Fragen ergeben sich wegen der hier stattfindenden Absicherung über Patronatserklärungen. Der Protégé kann dem Patron nämlich grundsätzlich nur wirtschaftlich und nicht auch juristisch zugerechnet werden. Im

---

[49] Kessler, in: Lutter u.A. (Hrsg.), Konzernfinanzierung, § 36, Rz. 36.14.

Gesellschaftsrecht gilt das Trennungsprinzip, wonach für die Verbindlichkeiten einer juristischen Person den Gläubigern derselben nur das Gesellschaftsvermögen nicht aber die Gesellschafter haften (§§ 1 Abs. 1 AktG, § 13 Abs. 2 GmbHG). Gerade im Konzern bietet sich daher die Möglichkeit, die Haftung für bestimmte Aktivitäten auf einzelne Tochtergesellschaften zu beschränken[50]. Aus eben diesem Grunde sind Kreditgeber geneigt, Kredite an Kapitalgesellschaften nur dann herauszulegen, wenn eine Haftung auch des Gesellschaftervermögens vereinbart wird. Wegen des gesteigerten Risikos des Kreditgebers bei Konzernkrediten scheinen sich eher klassische und bewährte Kreditsicherheiten, wie Bürgschaft und Garantie, und nicht Patronatserklärungen als Kreditsicherheit anzubieten.

Die an der Verwendung von Patronatserklärungen beteiligten „professionellen Vertragsschließenden"[51] wählen diese Finanzierungsalternative aber dennoch nicht ohne Grund.

a)   Vermeidung von Eigenkapitalbildung bei dem Protégé

Eine Alternative zur Deckung des Finanzbedarfes des Protégés würde in der Verbreiterung von dessen Eigenkapitalbasis durch den Patron liegen. Dies kommt in der Praxis jedoch nicht vor. Vielmehr wird berichtet[52], dass die Eigenkapitalbasis des Protégés regelmäßig in keinem Verhältnis zur Höhe des aufgenommenen Kredits steht. Der Grund dafür, dass das Eigenkapital von Konzernuntergesellschaften knapp gehalten wird, liegt darin, dass jede zusätzliche Eigenkapitalbildung bei der Tochtergesellschaft zu negativen Folgen für den Konzern führt. Hier spielen strategische, wirtschaftliche und steuerliche Aspekte eine Rolle.

Unter strategischen Gesichtspunkten spricht gegen eine Erhöhung des Eigenkapitals von Tochtergesellschaften zunächst, dass ein eventuell langwieriges Kapitalerhöhungsverfahren notwendig wäre[53]. Überdies würde die Aufnahme neuer Gesellschafter (konzernexterne Eigenkapitalfinanzierung) den Einfluss des Patrons und etwa bereits vorhandener Minderheitsgesellschafter verwässern. Eine Verbreiterung der Eigenkapitalbasis von Tochtergesellschaften mit (Eigen- oder Fremd-) Mitteln der Mutter (konzerninterne Eigenkapital- oder Fremdkapitalfinanzierung) würde dagegen zur

---

50   Krieger, in: Lutter u.A. (Hrsg.), Konzernfinanzierung, § 4, Rz. 4.1.
51   Esser/Weyers, § 40 V 4 (S.360).
52   Köhler, WM 1978, 1338, 1340.
53   Vgl. Stecher, S. 83 ff.

Bindung dieses Kapitals in der Tochtergesellschaft führen. Das Eigenkapital kann grundsätzlich nicht an die Gesellschafter zurückgewährt werden (§ 57 AktG; § 30 GmbHG).

Eine solche Bindung von Eigenkapital in Tochtergesellschaften würde zu Renditeverlusten führen. Größere Konzerne versuchen mit so genannten „Cash-Management-Systemen"[54] jedem Konzernteil gerade die Menge an Kapital zur Verfügung zu stellen, die benötigt wird. Dies ist unter anderem deswegen rentabilitätssteigernd, weil die Kreditaufnahme zentral und zu besseren Konditionen durchgeführt werden kann und weil eine unnötige Kreditaufnahme vermieden wird. Ist aber zu viel Eigenkapital in den einzelnen Tochtergesellschaften gebunden, lässt sich nicht so verfahren.

Der wichtigste Grund der knappen Eigenkapitalausstattung von Konzerntöchtern dürfte aber in der steuerlichen Benachteiligung der Eigenkapitalfinanzierung liegen. Das deutsche Steuerrecht ist grundsätzlich nicht finanzierungsneutral[55]. Gerade zwischen Eigen- und Fremdfinanzierung ergeben sich wesentliche Belastungsunterschiede und zwar vor allem im Hinblick auf die Gewerbeertragssteuer[56]. Die Gewerbeertragssteuer ist auf den nach § 7 GewStG zu ermittelnden Gewerbeertrag zu entrichten. Zur Ermittlung des Gewerbeertrages muss zunächst der Gewinn aus Gewerbebetrieb nach den Vorschriften des KStG und EStG ermittelt werden (§ 7 Satz 1 GewStG). Nach den §§ 8 Abs. 1 KStG und 4 Abs. 4a EStG mindern Schuldzinsen den Gewinn aus Gewerbebetrieb grundsätzlich in ihrer vollen Höhe. Wenn es sich um eine Dauerschuld (Darlehen) handelt, ist jedoch der hälftige Betrag der gezahlten Schuldzinsen dem sonstigen Gewerbeertrag hinzuzurechnen (§ 8 Nr. 1 GewStG). Die Aufnahme von Fremdkapital bedeutet für das Kapital nehmende Unternehmen daher eine Minderung der gewerbesteuerlichen Bemessungsgrundlage um die Hälfte der Darlehenszinsen. Die Ausstattung des Kapital nehmenden Unternehmens mit Eigenkapital hat dagegen grundsätzlich keinen Einfluss auf dessen Steuerbilanzgewinn und damit auf die Gewerbesteuerbelastung. Auch als Gegenleistung für die Einlage geleistete Ausschüttungen an die Gesellschafter mindern den Steuerbilanzgewinn nicht (§ 8 Abs. 3 Satz 1 KStG). Die Folge hiervon

---

54 Sonnenhol/Gross, ZHR 159 (1995), 388, 393.
55 Kessler, in: Lutter u.A. (Hrsg.) Konzernfinanzierung, § 36, Rz. 36.17.
56 Zu möglichen Mehrbelastungen bei der Körperschaftssteuer vgl. Kessler, in: Lutter u.A. (Hrsg.), Konzernfinanzierung., Rz. 36.21. Das körperschaftssteuerliche Anrechnungsverfahren, auf das dort abgestellt wird, ist allerdings inzwischen durch das so genannte Halbeinkünfteverfahren ersetzt worden.

ist, dass die Eigenfinanzierung doppelt so hoch mit Gewerbesteuer belastet ist, wie die Fremdfinanzierung[57]. Die Fremdfinanzierung von Konzerntöchtern stellt daher gegenüber der Eigenkapitalfinanzierung die vorteilhaftere Alternative dar[58].

b) Vermeidung von Eigenkapital ersetzenden Gesellschafterdarlehen

Wenn es nach dem eben Gesagten auch nicht vorteilhaft sein mag, wenn der Patron den Protégé mit zusätzlichem Eigenkapital ausstattet, so könnte er doch an Stelle einer konzernexternen eine konzerninterne Fremdkapitalfinanzierung vornehmen. Der Patron, der ohnehin der wirtschaftliche Darlehensnehmer ist, könnte selbst den Kredit aufnehmen und die Valuta bei Bedarf konzernintern an den beherrschten Protégé weiterleiten.

Während konzerninterne Darlehen ein klassisches Mittel der Konzernfinanzierung darstellen und – bei Vereinbarung entsprechender Zinssätze – oftmals zur Durchführung verdeckter Gewinnverlagerungen im Konzern Verwendung finden[59], sind solche Darlehen doch zur Finanzierung von Konzernuntergesellschaften nicht immer geeignet. Wenn, was häufig der Fall ist, der konzerninterne Kreditnehmer nur über eine dünne Eigenkapitaldecke verfügt, können die von der Muttergesellschaft gewährten Kredite als Eigenkapital ersetzende Darlehen zu qualifizieren sein.

Das Rechtsinstitut des Eigenkapital ersetzenden Darlehens wurde im Rahmen der Rechtsprechung zur Haftung des GmbH-Gesellschafters entwickelt[60]. Es beruht auf der Betonung der Verantwortung des GmbH-Gesellschafters für eine ordnungsgemäße Unternehmensfinanzierung[61]. Zwar ist der GmbH-Gesellschafter in der Krise der Gesellschaft nicht zum nachschießen von Kapital verpflichtet. In einer solchen Situation soll er aber nicht eine an sich gebotene Zufuhr von frischem Eigenkapital durch weiteres Gesellschafter-Fremdkapital ersetzen können.

---

57 Kessler in. Lutter u.A. (Hrsg.), Konzernfinanzierung, § 36, Rz. 36.18.
58 Vgl. auch das detaillierte Rechenbeispiel unter Einbezug aller Steuerarten bei Kussmaul, S. 210 ff.
59 Vgl. im einzelnen Mannheimer, S. 44 ff.
60 Ein Überblick über die grundlegenden Entscheidungen findet sich bei Götz, S. 32 ff.
61 BGH, Urt. v. 16.3.1984 – II ZR 14/84, BGHZ 90, 370, 378 ff.

Der BGH[62] hat Eigenkapitalersatz angenommen, wenn das vorhandene Kapital nicht ausreiche, um die Geschäftstätigkeit aufrecht zu erhalten und Kredit Dritter nicht zu erhalten waren. Diese Voraussetzungen, die denen des für die Entstehung der Patronatserklärungen ursächlichen § 3 Abs. 1 KVStG 1955 ähneln[63], wurden dann später in die gesetzlichen Regelungen der §§ 32a und b GmbHG aufgenommen. Parallel dazu hat der BGH[64] die für die GmbH entwickelten Rechtsprechungsgrundsätze auch für die AG für anwendbar erklärt. Damit können auch Darlehen im AG-Konzern diesem Rechtsinstitut unterfallen[65].

Gerade wenn der Patron aus den eben aufgeführten Gründen die Eigenkapitaldecke des Protégés knapp hält, muss er befürchten, dass sein Darlehen Eigenkapital ersetzenden Charakter hat. Rechtsfolge der Qualifizierung als Eigenkapital ersetzendes Darlehen ist die Einbindung des Darlehenskapitals in das Vermögen des Darlehensnehmers. In der Insolvenz der kreditnehmenden Tochter wäre ein solches Darlehen daher in voller Höhe in die Haftung der Gesellschaft verstrickt und könnte von dem Patron nicht einmal mit der Quote zurückgefordert werden. Unabhängig davon wie das Darlehen besichert war, würde die Konzernmutter das Kapital also möglicherweise nicht zurückerhalten.

c) Vermeidung der steuerlichen Risiken konzerninterner Darlehen

Die Gewährung konzerninterner Darlehen bringt auch steuerliche Risiken mit sich. Hat ein Gesellschafterdarlehen Eigenkapital ersetzenden Charakter, so kann es steuerlich als verdeckte Kapitaleinlage zu bewerten sein[66].

Aber auch dann, wenn das konzerninterne Darlehen nicht Eigenkapital ersetzend ist, treten negative steuerliche Folgen auf. Wie erläutert mindern die Darlehenszinsen den Gewerbeertrag der kreditnehmenden Gesellschaft nur hälftig. Bei einem konzerninternen Darlehen fließen die Zinsen aber

---

62 BGH, Urt. v. 24.3.1980 – II ZR 213/77, BGHZ 76, 326, 330; Urt. v. 13.7.1981 – II ZR 256/79, BGHZ 81, 252, 255.
63 Obermüller, ZIP 1982, 915, 921.
64 BGH, Urt. v. 26.3.1984 – II ZR 171/83, BGHZ 90, 381. Vorausgesetzt wird eine 25%ige Beteiligung des Gesellschafters an der kreditnehmenden Gesellschaft.
65 Im Vertragskonzern ist Eigenkapitalersatz anzunehmen, wenn die Tochtergesellschaft keinen externen Kredit erhalten und die Muttergesellschaft ihrer Pflicht aus § 302 AktG nicht nachkommen kann. Bei nur verbundenen Unternehmen kommt es allein auf die Situation der Tochter an. Vgl. Mannheimer, S. 24 und 87 ff.
66 Vgl. Mannheimer, S. 24 und 87 ff.

gleichzeitig dem Patron zu, sodass sie dessen Gewerbeertrag erhöhen. Dies bedeutet nichts anderes, als dass der aus Konzernsicht finanzierungsneutrale Vorgang der Zinszahlung doppelt besteuert wird[67].

Besondere steuerliche Nachteile können sich ergeben, wenn eine ausländische nicht zur Anrechnung von Körperschaftssteuer berechtigte Muttergesellschaft ein Darlehen an ihre inländische Tochtergesellschaft gewährt oder weiterreicht und sich Zinszahlungen gewähren lässt. Gemäß § 8a Abs. 1 Nr. 2 KStG können Vergütungen für Fremdkapital, das eine unbeschränkt steuerpflichtige (inländische) Kapitalgesellschaft von einem nicht zur Anrechnung von Körperschaftssteuer berechtigten Anteilseigner erhalten hat als verdeckte Gewinnausschüttung zu behandeln sein[68].

d) Vermeidung eines strukturellen Nachranges des Kreditgebers

Nach dem eben Gesagten ist es für den Patron aus mehreren Gründen vorteilhaft, wenn nicht er, sondern der Protégé den Kredit aufnimmt. Dies sagt aber nichts über die Position des Kreditgebers aus. Für ihn scheint jedenfalls zunächst eine Kreditvergabe an den Patron vorteilhafter.

Auch dies ist auf die dünne Eigenkapitaldecke des Protégés zurückzuführen. Gewöhnlich ist der Betrag des bei einem Kredit nehmenden Unternehmen vorhandenen Eigenkapitals für das zustande kommen und die Konditionen des Kreditgeschäftes von größter Bedeutung. Das Eigenkapital einer Kapitalgesellschaft wird zunächst von den Gesellschaftern aufgebracht und kann sich im Laufe der Geschäftätigkeit im Wege der Selbstfinanzierung oder durch Kapitalerhöhungen (eventuell verbunden mit der Aufnahme neuer Gesellschafter) erhöhen. Während die Gesellschafter Rechte auf Teilhabe an diesem Kapital (beispielsweise auf Gewinnausschüttung) haben können, so sind diese Forderungen an die Gesellschaft doch denen anderer Gesellschaftsgläubiger nachgeordnet. Dem Fremdkapital eines Unternehmens ste-

---

[67] Kessler, in: Lutter u.A. (Hrsg.), Konzernfinanzierung, § 36, Rz. 36.24. Dies gilt allerdings nur, wenn innerhalb des Konzerns keine gewerbesteuerliche Organschaft besteht.

[68] Dies gilt, wenn der Anteilseigner wesentlich am Stammkapital beteiligt ist, das Fremdkapital das 1,5 fache des anteiligen Eigenkapitals des Anteilseigners übersteigt und die Tochtergesellschaft nicht anders Kredit erlangen könnte, vgl. § 8a Abs. 1 Nr. 2 KStG. Zur Entstehungsgeschichte der Vorschrift vgl. Menck, DStR 1995, 393. Zur Vereinbarkeit der Vorschrift mit Art. 43 EG vgl. FG Münster, Beschl. v. 24.1.2000 – 9 V 6384/89, IStR 2000, 342 und Beschl. v. 21.8.2000 – 9 K 1193/00, EFG 2000, 1273 (Vorlagebeschlüsse zum EuGH).

hen dagegen schon per definitionem Forderungen von unternehmensexternen Gläubigern gegenüber. In der Praxis bedeutet dies, dass ein Unternehmensgläubiger so lange von der Befriedigung seiner Forderung ausgehen kann, wie eine Zugriffsmöglichkeit auf ausreichendes Eigenkapital des schuldenden Unternehmens besteht. Ist die Eigenkapitaldecke aber erschöpft, so tritt der Unternehmensgläubiger in Wettstreit mit den sonstigen Fremdkapitalgebern und muss damit rechnen, dass er mit seiner Forderung ausfällt oder – wenn ein Insolvenzverfahren durchgeführt wird – er nur mit einer Quote befriedigt wird. Von daher stellt die Eigenkapitalausstattung eines Unternehmens dessen wesentliche Haftungsgrundlage dar, und die bessere Eigenkapitalausstattung des Patrons sollte eigentlich ein Argument für die Kreditvergabe an diesen und nicht an den Protégé sein.

Die Eigenkapitalausstattung kann bei Konzernkrediten aber nur eingeschränkt als Kriterium für die Kreditvergabe dienen. Dies gilt deswegen, weil Kapital, welches einmal von außen in den Konzern gelangt ist, dort weitergereicht werden kann. Dabei kann das Kapital seine Funktion dergestalt ändern, dass es von Eigenkapital zu Fremdkapital und umgekehrt wird[69]. Eigenkapital der Muttergesellschaft kann zu Fremdkapital einer Tochtergesellschaft werden, wenn es darlehensweise an diese weitergeführt wird (konzerninterne Fremdkapitalfinanzierung). Von der Muttergesellschaft aufgenommenes Fremdkapital kann zu Eigenkapital einer Tochtergesellschaft werden, wenn es zu deren Gründung oder zur Kapitalerhöhung verwendet wird. Schließlich kann Fremdkapital einer Tochtergesellschaft zur (Überkreuz-) Beteiligung an der Muttergesellschaft oder an einem anderen Konzernunternehmen verwendet werden. Es wandelt sich dann dort in Eigenkapital. Für den Kreditgeber einer Konzerngesellschaft bedeutet die Möglichkeit solcher Kapitalverschiebungen, dass sich die Bonität seines Schuldners von heute auf morgen verändern kann.

Was die finanzielle Lage der Muttergesellschaft anbelangt, wird es kaum jemals so sein, dass der volle Betrag des bei der Konzernobergesellschaft ausgewiesenen Eigenkapitals etwa in Form von thesaurierten Rücklagen dem Zugriff von Gläubigern offen steht. Wegen der eben beschriebenen Möglichkeiten der Durchleitung von Kapital im Konzern bestehen für den Patron nämlich renditeträchtigere Alternativen der Kapitalverwendung.

---

[69] So genannter „Metamorphoseneffekt", Kessler, in: Lutter u.A. (Hrsg.), Konzernfinanzierung, § 36, Rz. 36.13.

Dies wird deutlich, wenn man die von U.H. Schneider[70] beschriebene „Eigenkapitalpyramide" betrachtet. Verfügt eine Konzernmutter über 50 Eigenkapital, gründet sie hiermit eine Tochtergesellschaft mit ebenfalls 50 Eigenkapital und wiederholt diesen Vorgang bei einer Enkelgesellschaft. Es bestehen dann drei Gesellschaften mit einem nominellen Eigenkapital von 150. Bei konsolidierter Betrachtung beträgt das haftende Eigenkapital des Konzerns aber nur 50. Nehmen nun die einzelnen Konzernunternehmen Fremdkapital auf, wandelt sich die Eigenkapitalpyramide in eine „Kreditpyramide", da dasselbe Kapital mehrfach als Kreditunterlage verwendet wird. Bei Vereinbarung von Kreditsicherheiten entsteht eine „Kreditsicherheitenpyramide". So kann die Obergesellschaft die Beteiligung an der Tochter- und diese die Beteiligung an der Enkelgesellschaft verpfänden, während gleichzeitig alle Gesellschaften die in ihrem Vermögen befindlichen Betriebsmittel als Kreditsicherheiten für weitere Kredite verwenden[71]. Bereits ein solches Vorgehen ermöglicht es der Obergesellschaft unter Einsatz eines Minimums von Eigenkapital große Kapitalmengen zu bewegen. Die Effekte potenzieren sich, wenn zur Gründung weiterer Gesellschaften externes Kapital aufgenommen wird, sei es durch Kreditaufnahme oder durch Aufnahme von externen Minderheitsgesellschaftern. In beiden Fällen steigt der Umfang des dem Konzern zur Verfügung stehenden Buch-Eigenkapitals mit jeder Stufe der Pyramide exponentiell an, während das konsolidierte Eigenkapital gleich bleibt.

Je nachdem, in wie weit die Konzernmutter von den eben beschriebenen Möglichkeiten Gebrauch macht, wachsen die Risiken für Konzerngläubiger. Das in die Muttergesellschaft eingebrachte und an Untergesellschaften durchgereichte Eigenkapital steht tatsächlich nur einmal als Haftungsgrundlage zur Verfügung (so genannter „Teleskopeffekt"[72]). Dies kann unter anderem zu einem rapiden Kapitalschwund bei der Muttergesellschaft führen. Verluste der Enkelgesellschaft mindern nämlich das Eigenkapital der Tochtergesellschaft, und diese Minderung schlägt wiederum unmittelbar auf das Kapital der Muttergesellschaft durch. Bereits bei der normalen Eigenkapitalpyramide (ohne Aufnahme von externem Kapital zur Neugründung auf der nächsten Stufe) führt der Verlust von einem Euro bei der Enkelgesell-

---

70 ZGR 1984, 497.
71 Beispiel nach Baums/Vogel, in Lutter u.A. (Hrsg.), Konzernfinanzierung, § 9, Rz. 9.47.
72 Baums/Vogel, in: Lutter u.A. (Hrsg.), Konzernfinanzierung, § 9, Rz. 9.47.

schaft zu einem Verlust von drei Euro Buch-Eigenkapital im Konzern[73]. Hinzu kommt noch, dass die Gläubiger der Konzernobergesellschaft im Fall der Insolvenz nicht ohne weiteres auf die Vermögenswerte der Konzerntöchter zugreifen können. Sie können lediglich versuchen, die Beteiligungen der Muttergesellschaft als solche zu verwerten. Beim Zugriff auf die einzelnen Vermögenswerte der Tochtergesellschaften sind sie jedoch den Gläubigern der Konzernuntereinheit nachgeordnet, da sie nur die (Gesellschafter-) Rechte der Konzernmuttergesellschaft geltend machen können. Diese „strukturelle Nachrangigkeit"[74] wird besonders bei Krediten an Holding-Gesellschaften relevant, weil dort, abgesehen von den Beteiligungen, überhaupt kein nennenswertes Betriebsvermögen des Kreditnehmers vorhanden ist.

Nach näherer Betrachtung kann deswegen gesagt werden, dass die Entscheidung des Kreditgebers, den Kredit nicht an die Obergesellschaft (Patron), sondern an die Tochtergesellschaft (Protégé) zu gewähren nicht notwendig mit Nachteilen verbunden sein muss. Wegen der Kapitalfluktuationsmöglichkeiten im Konzern kann der Kreditgeber seine Entscheidung jedenfalls nicht an der besseren (Buch-) Eigenkapitalausstattung des Patrons festmachen. Von Vorteil kann es dagegen sein, wenn er den Kredit an denjenigen Konzernteil vergibt, in welchem die Darlehensvaluta wirtschaftlich eingesetzt werden sollen. Würde er den Kredit an die Obergesellschaft gewähren und diese den Kredit weiterleiten (konzerninterne Fremdfinanzierung), so träte für den externen Kreditgeber das Problem des strukturellen Nachranges auf[75]. Zumindest dann, wenn die Darlehensvaluta bei dem Protégé Verwendung finden sollen bietet die Kreditvergabe an diesen daher auch dem Kreditgeber Vorteile.

---

[73] Baums/Vogel, in: Lutter u.A. (Hrsg.), Konzernfinanzierung, § 9, Rz. 9.47.
[74] Merkel, in: Lutter u.A. (Hrsg.), Konzernfinanzierung, § 17, Rz. 17.15.
[75] Bei dünner Eigenkapitaldecke des Protégés gilt dies selbst dann, wenn der Kreditgeber sich konzerninterne Darlehensrückzahlungsansprüche des Patrons sicherungshalber abtreten lässt. Die Abtretung des Rückzahlungsanspruches eines Eigenkapital ersetzenden Gesellschafterdarlehens an einen Dritten ändert nichts an der Verstrickung des Darlehens, vgl. Merkel, in: Lutter u.A. (Hrsg.), Konzernfinanzierung, § 17, Rz. 16.

e) Vermeidung des Abfließens von Kapital von dem Protégé durch Verwendung von Patronatserklärungen

Die vorstehenden Betrachtungen haben gezeigt, dass der Kreditgeber bei Konzernkrediten einem erhöhten Risiko ausgesetzt ist. Hieraus ergibt sich eine erhöhte Notwendigkeit der Kreditbesicherung. Auch in dieser Hinsicht bestehen aber Besonderheiten im Konzernbereich. Wirtschaftlich betrachtet ist der Konzern ein einheitlicher Kreditnehmer[76]. Dies bedeutet, dass die Stellung von Bürgschaften und Garantien für eine Konzerngesellschaft durch eine andere Konzerngesellschaft von nur geringer Bedeutung sein kann. Aufgrund des eben erläuterten Teleskopeffektes kann durch die Krise einer Tochtergesellschaft der ganze Konzern zusammenbrechen. Auch eine Bürgschaft oder Garantie einer anderen Konzerngesellschaft wäre dann für den Kreditgeber von nur geringem Wert. Sofern keine Realsicherheiten zu erlangen sind, kann der Kreditgeber daher nur anstreben sich zumindest die Zugriffsmöglichkeit auf die von ihm zur Verfügung gestellten Darlehensvaluta zu erhalten. Dies tut er bereits, wenn er den Kredit an diejenige Konzernuntereinheit gewährt, wo die Darlehensvaluta eingesetzt werden sollen. So lange die Darlehensvaluta, beziehungsweise ihr wirtschaftlicher Gegenwert, dort verbleiben, besteht für den Kreditgeber zumindest ein gewisser Schutz vor einem Verschwinden der von ihm zur Verfügung gestellten Mittel im Konzern.

Welche Bedeutung die Absicherung dieses Zustandes für den Kreditgeber hat wird deutlich, wenn man sich den Wortlaut gängiger Patronatserklärungen vor Augen hält. Eine „Ausstattung" des Protégés würde nichts anderes als das Festhalten des wirtschaftlichen Gegenwertes der Darlehensvaluta im Kredit nehmenden Konzernteil bedeuten. Eine „Beibehaltungserklärung" zielt dagegen auf die Aufrechterhaltung der Verlustübernahmepflicht der herrschenden Gesellschaft (§ 302 AktG) ab. Informationen im Rahmen so genannter „Informationserklärungen" können dem Kreditgeber ermöglichen zu erkennen, ob der wirtschaftliche Gegenwert der Darlehensvaluta von dem Protégé abfließt. In diesem Fall kann er möglicherweise ein Sonderkündigungsrecht[77] ausüben und zumindest einen Teil des Kapitals retten. Vor dem Hintergrund der besonderen Probleme der Kreditbesicherung im Konzern zeigt sich also, dass auch der Kreditgeber sich durchaus Vorteile von der Verwendung von Patronatserklärungen verspricht.

---

[76] Merkel, in: Lutter u.A. (Hrsg.), Konzernfinanzierung, § 17, Rz. 17.17.
[77] Vgl. Nr. 19 (3) AGB-Banken, abgedruckt bei Horn, Die AGB-Banken 1993.

f) Vermeidung einer Offenlegung der wirtschaftlichen Verhältnisse nach § 18 KWG

Bei den Kreditgebern, die Patronatserklärungen hereinnehmen, handelt es sich zumeist um Kreditinstitute im Sinne des § 1 Abs. 1 Nr. 1 KWG. Diese dürfen einen Kredit von insgesamt mehr als 250.000 Euro nur gewähren, wenn sie sich die wirtschaftlichen Verhältnisse des Kreditnehmers haben offen legen lassen (§ 18 Abs. 1 Satz 1 KWG). Bei einem Verstoß gegen § 18 KWG drohen dem Kreditinstitut Bußgelder (§ 56 Abs. 3 Nr. 4 KWG). Es kommt sogar eine Strafbarkeit der auf seiner Seite handelnden Personen wegen Untreue in Betracht[78]. Allerdings stellt § 18 KWG kein Schutzgesetz im Sinne des § 823 Abs. 2 BGB dar[79], sodass die Gläubiger eines Kreditinstitutes nicht nach § 823 Abs. 2 BGB Schadensersatz verlangen können[80].

Nach dem zuvor Gesagten kann die Bonität einer Konzernuntergesellschaft nicht isoliert festgestellt werden. Die Offenlegung müsste daher nicht nur die Finanzlage des Protégés, sondern auch die des Patrons und des übrigen Konzerns umfassen. Eine Überprüfung des ganzen Konzerns würde aber einen hohen Aufwand erfordern. Zumindest im Geschäft mit ausländischen Konzernmüttern kämen noch Probleme mit unterschiedlichen Bilanzierungssystemen hinzu. Auch ist davon auszugehen, dass Konzernmuttergesellschaften nicht unbedingt zu einer Offenlegung der gesamten Konzernfinanzlage bereit sind. Deswegen ist es vorteilhaft für die Kreditinstitute, dass sie von der Offenlegung der wirtschaftlichen Verhältnisse absehen können. Dies gilt allerdings nur, wenn das Verlangen nach Offenlegung im Hinblick auf die gestellten Sicherheiten oder die Mitverpflichteten offensichtlich unbegründet wäre (§ 18 Abs. 1 Satz 2 KWG).

In Anbetracht der eben erläuterten besonderen Risiken der Konzernkreditvergabe kann man mit Recht daran zweifeln, dass die Stellung irgendeiner Personalsicherheit einer Konzerngesellschaft die Offenlegung der Konzernfinanzverhältnisse „offensichtlich unbegründet" macht. Bei Stellung von Patronatserklärungen verzichten Banken aber dennoch auf diese Offenle-

---

[78] BGH, Urt. v. 6.4.2000 – 1 StR 280/99, NJW 2000, 2364. Kritisch zur Orientierung am Tatbestand des § 18 KWG zur Feststellung der Pflichtwidrigkeit im Rahmen des § 266 StGB: Knauer, NStZ 2002, 399, 401.
[79] BGH, Urt. v. 24.11.1983 – III ZR 160/ 83, WM 1984, 131 f.
[80] Früh, WM 1995, 1701, 1709.

gung[81]. Dies mag zumindest auf den ersten Blick damit zu erklären sein, dass man mit den Patronatserklärungen eine Kreditsicherheit gefunden zu haben meint, welche die bei Konzernkrediten bestehenden Risiken in besonders effizienter Weise abzusichern vermag. Ob die unter dem Stichwort Basel-II diskutierten[82] Bestrebungen von Banken- und Wirtschaftsverbänden Kredit-"Ratings" in jedem Fall zur Vorbedingung einer Kreditvergabe zu machen, an dieser Praxis etwas ändern werden, kann noch nicht beurteilt werden.

3. Folgerungen

Es bestehen vielschichtige Gründe für die Verwendung von Patronatserklärungen. Nach wie vor spielt die Umgehung steuer- und bilanzrechtlicher Bestimmungen eine wesentliche Rolle für die Verwendung solcher Kreditsicherheiten. Im Hinblick auf die zweifelhaften Erfolgsaussichten solcher Umgehungsversuche mag man mit Kohout[83] von einer „Kalkulation mit der Rechtsunsicherheit" sprechen. Diese Kalkulation ist aber, anders als Kohout[84] meint, keine einseitige Kalkulation des Patrons, der aufgrund seiner Marktmacht dem Kreditgeber eine Sicherheit von zweifelhaftem Wert aufzwingt. Hiergegen spricht schon, dass Patronatserklärungen gewöhnlich auf Verlangen des Kreditgebers abgegeben werden. Auch bei der Formulierung solcher Erklärungen setzt sich nicht unbedingt der Patron durch. Vielmehr verwenden Großbanken inzwischen „Hauserklärungen", die sie im Einzelfall durchzusetzen pflegen[85]. Tatsächlich beruht die beschriebene Konstellation der Konzernfinanzierung beruht auf einem Kompromiss, von dem sich auch der Kreditgeber Vorteile erhofft.

Hintergrund dieses Kompromisses ist die Eigenkapitalknappheit von Konzernuntergesellschaften, die wesentlich auf dem geltenden Steuerrecht beruht. Wegen dieser Eigenkapitalknappheit ist es sowohl für den Patron wie auch für den Kreditgeber strategisch günstiger, den Kredit an den Protégé

---

[81] Kohout, S. 11 f.; Lenz, EuZW 1991, 297, 301. Lenz (a.a.O.) vermutet, dass hierbei allen Beteiligten klar sei, dass tatsächlich keine ausreichende Sicherung vorliegt. Reischauer (115, § 18, Rz. 34) weist darauf hin, dass jeder Einzelfall zu prüfen ist.
[82] Zu dieser Diskussion: Wambach / Kirchmer, BB 2002, 400.
[83] Kohout, S. 22.
[84] (S. 22).
[85] v. Bernuth, ZIP 1999, 1501, 1504; Fried, S. 67; LG München I, WM 1998, 1285, 1286.Vgl. auch die Formulierungsvorschläge bei BuB-Wittig, Rz. 4/2905 ff.

und nicht an den Patron herauszulegen, der sich als finanzstärkerer Kreditnehmer anbieten würde. Auf diese Weise vermeidet der Patron die Risiken einer Weiterleitung über konzerninterne Darlehen, während der Kreditgeber nicht in die Situation des strukturellen Nachranges gerät.

Obgleich der Kredit also im beiderseitigen Einverständnis an das kapitalschwächere Tochterunternehmen vergeben wird, soll oftmals von einer Offenlegung und Prüfung nach § 18 KWG – die möglicherweise den gesamten Konzern umfassen müsste – abgesehen werden. Da dies nur geschehen darf, wenn die Offenlegung im Hinblick auf die gestellten Sicherheiten offensichtlich unbegründet wäre (§ 18 Abs. 1 Satz 2 KWG), kommt der Wahl der verwendeten Kreditsicherheit eine besondere Bedeutung zu. Diesbezüglich wurde festgestellt, dass die beschriebenen Patronatserklärungen zumindest ihrem Wortlaut nach dem vitalen Interesse des Kreditgebers an einem Festhalten der ausgekehrten Darlehensvaluta in der Kredit nehmenden Konzerngesellschaft auf verschiedene Weise Rechnung tragen. Inwieweit die Verwendung solcher Erklärungen allerdings tatsächlich zu einer effektiven Kreditbesicherung führt ist eine rechtliche Frage, die für die verschiedenen Gruppen von Patronatserklärungen einzeln beantwortet werden muss.

III. Grundfragen des Sicherheitswertes von Patronatserklärungen

Bei der Untersuchung der Hintergründe der Verwendung von Patronatserklärungen haben sich mehrere juristische Detailprobleme gezeigt. Aufgrund der bilanz- und steuerrechtlichen Lage bei Verwendung von Patronatserklärungen stellen sich aufseiten des Patrons Fragen der Anwendbarkeit der §§ 251 Satz 1, 268 Abs. 7 HGB. Für den Kreditgeber ist dagegen bedeutsam, ob die Voraussetzungen des § 18 Satz 2 KWG gegeben sind. Diesen speziellen Fragen liegt die generelle und viel bedeutsamere Frage nach dem Sicherheitswert einzelner Patronatserklärungen zugrunde. Ist der Sicherheitswert einer im Einzelfall verwendeten Patronatserklärung mit einer Bürgschaft oder Garantie vergleichbar, so sind die genannten Detailfragen beantwortet. In einem solchen Fall hat der Patron die Eventualverbindlichkeit zu bilanzieren[86], und der Kreditgeber mag geneigt sein, auf eine Offenlegung der wirtschaftlichen Verhältnisse zu verzichten.

---

[86] Wiedmann, § 251, Rz. 9; § 268, Rz. 24; BuB-Wittig, Rz. 4/2867 und 4/2890 ff. m.w.N.

Die Frage nach dem Sicherheitswert einzelner Patronatserklärungen und nach ihrer Vergleichbarkeit mit einer Bürgschaft oder Garantie ist allerdings nicht einfach zu beantworten. Die Gründe hierfür sind bereits deutlich geworden. Aufgrund des Verwendungszweckes und der Entstehungsgeschichte der Patronatserklärung findet sich eine Vielzahl von Erklärungsformen mit teilweise absichtlich undeutlichem Wortlaut. Es muss stets eine Auslegung der Erklärung erfolgen[87], wobei es notwendig auf einzelfallabhängige Gesichtspunkte ankommt. Versuche, eine generalisierende Betrachtung von Patronatserklärungen anhand von Fallgruppen vorzunehmen, finden sich in der Literatur unter den Stichworten „weiche" und „harte" Patronatserklärungen[88]. Wegen der eben erwähnten Unübersichtlichkeit des Feldes der Patronatserklärungen herrscht allerdings keine völlige Klarheit darüber, welche Patronatserklärungen generalisierend als „hart" beziehungsweise als „weich" zu bezeichnen sind. Allgemein wird angenommen, dass harte Patronatserklärungen solche mit und weiche Patronatserklärungen solche ohne Sicherheitswert sind[89]. Nach einer genaueren Definition von Michalski[90] sind all diejenigen Patronatserklärungen als „hart" zu bezeichnen, die den Patron rechtlich bindend verpflichten, während ohne Rechtsbindungswillen abgegebene Patronatserklärungen „weich" seien sollen. Goette[91] will allerdings nur solche Patronatserklärungen als „hart" gelten lassen, die geeignet sind, (primäre) Zahlungspflichten des Patrons zu begründen. Ihm folgend schlägt Fried[92] vor, weiter zwischen „weichen" Erklärungsformen (ohne primäre Zahlungs- aber mit sonstigen Leistungspflichten) und „sehr weichen" Erklärungsformen zu differenzieren.

Es erscheint überzeugend mit Goette[93] nur diejenigen Patronatserklärungen als „hart" zu bezeichnen, die eine Einstandspflicht des Patrons für die Schuld des Protégés nach sich ziehen. Weiter ist es juristisch präzise, mit Fried[94]

---

87 v. Westphalen, Exportfinanzierung, S. 385.
88 Am ausführlichsten: Fried (Die weiche Patronatserklärung, Univ. Diss. 1998) und Stecher („Harte" Patronatserklärungen, rechtsdogmatische und praktische Probleme, Univ. Diss. 1984).
89 Fried, S. 93 m.w.N.
90 WM 1994, 1229, 1230.
91 DStR 1993, 1753, 1754 (Anm. zu BGH-Beschl. v. 12.7.1993 – II ZR 179/92, DStR 1993, 1753).
92 (S. 190).
93 DStR 1993, 1753, 1754.
94 (S. 190).

weiter zwischen „weichen" und „sehr weichen" Patronatserklärungen zu unterscheiden. Auch wenn der Patron mit „weichen" Patronatserklärungen nur solche Leistungspflichten übernimmt, die nicht direkt auf ein Einstehen für die Verbindlichkeit des Protégés gerichtet sind, liegt zumindest juristisch gesehen mehr vor, als wenn er lediglich eine Beruhigungserklärung abgibt. Andererseits ist in Bezug auf diese weitere Unterscheidung aber zu beachten, dass auch ohne Rechtsbindungswillen abgegebene Patronatserklärungen nicht zwangsläufig ohne jeden wirtschaftlichen Sicherungswert sind. Besonders wenn solche Erklärungen öffentlich[95] erfolgen wird das „Standing"[96] des Patrons auf dem Kreditmarkt tangiert und es erhöht sich die Wahrscheinlichkeit, dass der Patron auf die ordnungsgemäße Rückführung des Kredits durch den Protégé hinwirken wird. Schließlich muss die weitere Untersuchung zeigen, welche Sicherheit die „harten" und „weichen" Erklärungsformen dem Kreditgeber bieten und ob nicht auch bei den „sehr weichen" Erklärungsformen eine Haftung im juristischen Sinne in Betracht kommt.

1. Patronatsverträge und ohne Rechtsbindungswillen abgegebene Erklärungen

Die Begründung von Leistungspflichten des Patrons gegenüber dem Kreditgeber setzt das zustande kommen eines Vertrages voraus. In Bezug auf die Frage ob und wie dies geschieht stellen sich auf dem Gebiet der Patronatserklärungen verschiedene Probleme.

a) Vorliegen von Rechtsbindungswillen

Erklärt der Patron nur seine Billigung der Kreditaufnahme durch den Protégé oder sein Einverständnis damit, so liegt unzweifelhaft eine „sehr weiche" Patronatserklärung vor[97]. Gleiches gilt, wenn der Patron auf sein Ansehen[98] oder „Standing" verweist. Enthält die Patronatserklärung dagegen Aussagen zur Geschäftspolitik[99] des Patrons oder zur Qualität des Managements

---

[95] Vgl. das Beispiel aus dem Geschäftsbericht 1994 der Deutsche Bank AG bei Habersack, ZIP 1989, 619, 624.
[96] Kohout, S. 22.
[97] Vgl. Fried, S. 190 m.w.N. und Beispielen für gängige Formulierungen in Fn. 421.
[98] Vgl. etwa die Formulierung bei Obermüller, ZGR 1975, 1, 4.
[99] So genannte Geschäftspolitikerklärungen, vgl. etwa die Formulierung bei Obermüller, ZGR 1975, 1, 4.

des Protégés[100], kann möglicherweise eine verbindliche Auskunft des Patrons gegeben sein. Ob dies der Fall ist, ist eine Frage von Rechtsbindungswillen aufseiten des Patrons. Auf das Vorliegen von Rechtsbindungswillen kann anhand von so genannten „Seriositätsindizien"[101] geschlossen werden. Hierzu zählen unter anderem die wirtschaftliche Bedeutung der Angelegenheit, das eigene Interesse des Leistenden und die Gefahr, in die der Leistungsempfänger durch eine fehlerhafte Leistung gelangen kann[102]. Bei Verwendung von Patronatserklärungen ist die wirtschaftliche Bedeutung der Angelegenheit angesichts der besicherten Kreditvolumina[103] durchweg hoch. Auch hat der Patron ein eigenes wirtschaftliches Interesse an der Kreditbesicherung, da es um die finanzielle Ausstattung seiner Tochtergesellschaft geht. Unter Hinweis auf diese Gesichtspunkte wird vertreten, dass die Management- und Geschäftspolitikerklärungen mindestens[104] zu konkludenten Auskunftsverträgen[105] führen. Gegen eine Einordnung als konkludenter Auskunftsvertrag spricht aber, dass zumindest ein Kreditinstitut als Erklärungsempfänger wissen muss, dass mit solchen Erklärungen gerade keine rechtliche Bindung der Muttergesellschaft begründet werden soll[106]. Dies gilt jedenfalls dann, wenn der Patron in Verhandlungen über die Kreditbesicherung deutlich gemacht hat, dass er die Begründung einer bilanzvermerkpflichtigen Verbindlichkeit zu vermeiden trachtet[107]. Aber auch dann, wenn keine Vorverhandlungen stattgefunden haben oder der Patron nicht die Absicht deutlich gemacht hat, dass er eine Bilanzvermerkpflicht vermeiden wolle, muss eine Geschäftspolitik- oder Managementerklärung nicht zwangsläufig zu einem Auskunftsvertrag zwischen Patron und Kreditgeber

---

[100] So genannte Vertrauens- oder Managementerklärungen, vgl. etwa die Formulierung bei Obermüller, ZGR 1975, 1, 3.
[101] MünchKomm-Kramer, Einl. vor § 241 (Bd. 2a), Rz. 31.
[102] BGHZ 21, 102, 107.
[103] Nach Mosch (S. 11) liegt bei Verwendung von Patronatserklärungen das durchschnittliche besicherte Kreditvolumen bei über DM 2.000.000,-
[104] Müller (ZGR 1977, 1, 28) nimmt für den Fall, dass die Muttergesellschaft erklärt, es sei ihre Geschäftspolitik ihre Tochtergesellschaften liquide zu halten, eine Garantie an.
[105] Vgl. Michalski WM 1994, 1229, 1234; Fried, S. 130, 141 ff.
[106] BuB-Wittig, Rz. 4/2863.
[107] OLG Karlsruhe, Urt. v. 7.8.1992 – 15 U 123/91, DStR 1993, 486, 487 m. Anm. Limmer, DStR 1993, 488; Anm. Gerth, WuB I F 1 c. 2-93; Anm. Gerkan, EWiR 1992, 1155. Rev. nicht angenommen (BGH, Beschl. v. 12.7.1993 – II ZR 179/92, DStR 1993, 1753).

führen[108]. Bei Krediten an finanzschwache Konzernuntergesellschaften wird es oftmals so sein, dass es dem Kreditgeber ohnehin gar nicht auf eine Auskunft ankommt. So etwa, wenn er weiß, dass die Finanzlage des Protégés so schlecht ist, dass dessen wirtschaftliches Überleben allein von dem Kalkül des Patrons und nicht von einer (bisherigen) Geschäftspolitik oder von der Qualität des Managements abhängt. In einem solchen Fall ist nicht die Richtigkeit der Information, sondern die Bekräftigung der Verbundenheit von Patron und Protégé von Bedeutung für den Kreditgeber. Wegen der Abhängigkeit von solchen einzelfallspezifischen Gesichtspunkten kann nicht pauschal angenommen werden, dass mit den Management- und Vertrauensverträgen konkludente Auskunftsverträge geschlossen werden. Es können vielmehr auch „sehr weiche" Patronatserklärungen vorliegen.

b) Abschluss von Patronatsverträgen

Mit Rechtsbindungswillen abgegebene („weiche" und „harte") Patronatserklärungen können Vertragsangebote darstellen. Der Patronatsvertrag kommt dann regelmäßig ohne explizite Annahme durch den Kreditgeber[109] nach § 151 Abs. 1 BGB zustande[110]. Obgleich der Patron in seiner Erklärung nicht auf die Erklärung der Annahme verzichtet ist dies möglich, weil eine Verkehrssitte im Sinne des § 151 Satz 1 BGB besteht, wonach bei einer für den Empfänger lediglich rechtlich vorteilhaften Erklärung eine Annahmeerklärung nicht zu erwarten ist[111]. Die Stellung von Kreditsicherheiten ist für den Empfänger lediglich vorteilhaft[112]. Patronatsverträge können daher grundsätzlich ohne ausdrückliche oder konkludente Annahmeerklä-

---

[108] a.A. Fried (S. 138 ff.). Fried zieht den Umkehrschluss, dass aus dem Fehlen von Vorverhandlungen und dem Fehlen des Hinweises auf eine Vermeidungsabsicht auf den Rechtsbindungswillen des Patrons geschlossen werden könne. Dies erscheint nicht folgerichtig. Gerade weil bei Verwendung von Patronatserklärungen zumeist Vorverhandlungen stattfinden, bei denen oftmals „um jeden Zoll gerungen" wird (Kohout, S. 37), lässt sich ebenso gut sagen, dass die sofortige Abgabe, gerade einer unklar formulierten Erklärung, nicht für einen Rechtsbindungswillen des Patrons spricht.

[109] Kohout, S. 75; Stecher, S. 25. Zu Recht wird dem Kreditgeber allerdings dennoch empfohlen, die Annahme zu erklären, vgl. das Formular einer „Empfangsbestätigung" für eine Patronatserklärung bei BuB-Wittig, Rz. 4/2909.

[110] Vgl. etwa Bankrechtshandbuch-Merkel, § 98, Rz. 15, m.w.N.

[111] BGH, Urt. v. 12.10.1999 – XI ZR 24/99, NJW 2000, 276, 277 m.w.N.

[112] Vgl. etwa BGH, Urt. v. 23.3.1988 – VIII ZR 58/87, BGHZ 104, 82, 85 (selbstständiges Garantieversprechen).

rung durch den Kreditgeber zustande kommen. Für ein zustande kommen nach § 151 Abs. 1 BGB genügt eine nach außen erkennbare Bestätigung des Annahmewillens, die dem Antragenden aber nicht zugehen muss[113]. Diese „Willensäußerung"[114] kann in der Auszahlung der Darlehensvaluta an den Protégé liegen[115]. In Betracht kommt aber auch schon das bloße zu den Akten Nehmen[116] der dem Kreditgeber per Brief zugegangenen[117] Patronatserklärung. Es kann auch dazu kommen, dass der Patronatsvertrag mündlich in den Verhandlungen über die Kreditbesicherung geschlossen wird. Das Formerfordernis des § 766 BGB gilt für Patronatserklärungen nicht[118]. Abgesehen davon, dass die Patronatserklärungen abgebenden Konzerngesellschaften unter § 350 HGB fallen, handelt es sich bei § 766 BGB um eine Ausnahmevorschrift, die auf andere Kreditsicherheiten als die Bürgschaft nicht anwendbar ist[119]. Bei einem mündlichen Vertragsschluss wäre die Patronatserklärung als deklaratorisches[120] kaufmännisches Bestätigungsschreiben mit Beweiszweck zu werten[121]. In Anbetracht der Tatsache, dass regelmäßig Verhandlungen über die Kreditbesicherung stattfinden, wo dem Patron der Wortlaut der abzugebenden Patronatserklärung diktiert wird[122], stellt dies möglicherweise sogar den Regelfall dar.

---

[113] Palandt-Heinrichs, § 151, Rz. 1.
[114] Palandt-Heinrichs, § 151, Rz. 1.
[115] Kohout, S. 58.
[116] Vgl. BGH NJW 1997, 2233 zur konkludenten Annahme bei zu den Akten Nehmen einer Bürgschaft.
[117] Swinne, S. 121.
[118] Merkel, in: Schimansky/Bunte/Lwowski, Bankrechts-Handbuch, § 98, Rz. 14.
[119] Staudinger-Horn, vor § 766, Rz. 2. Allein Fleischer (WM 1999, 153, 163), der die als Ausstattungsverpflichtung bezeichnete Patronatserklärung als Bürgschaft auslegt, bejaht daher grundsätzlich die Anwendbarkeit von § 766 BGB.
[120] Vgl. hierzu K. Schmidt, Handelsrecht, S. 580.
[121] Kritisch Kohout (S. 36 ff.), der meint, es entspreche nicht kaufmännischer Vorsicht, den Vertragsschluss mündlich zu tätigen und später zu Beweiszwecken ein Schreiben auszutauschen. Dies scheint aber unbegründet, wenn man bedenkt, dass der Kreditgeber sich mit einer solchen Vorgehensweise nicht wirklich in Gefahr begibt. Er kann die Darlehensvaluta zurückhalten, bis er von dem Patron ein Bestätigungsschreiben erhalten hat, dessen Inhalt ihm zusagt. Hat er die Darlehensvaluta aber bereits zuvor ohne Sicherheit herausgelegt, so stellt ihn jede Patronatserklärung, gleich welcher Art, besser.
[122] v. Bernuth, ZIP 1999, 1501, 1504.

c) Das Sonderproblem der Patronatserklärungen ad incertas personas

Dass es für das zustande kommen eines Patronatsvertrages einer – und sei es auch nur konkludenten Annahmeerklärung – bedürfe wird zumindest für den Bereich der so genannten „Patronatserklärungen ad incertas personas" bestritten[123]. Gibt ein Konzernmutterunternehmen, etwa in einem Geschäftsbericht, eine Patronatserklärung zu Gunsten aller gegenwärtigen und zukünftigen Gläubiger eines oder mehrerer Tochterunternehmen ab[124], so soll dies, ähnlich einer Auslobung (§ 657 BGB), als einseitiges Leistungsversprechen zu werten sein[125]. Hierbei stellen sich zwei Probleme.

Zum einen muss bei solchen Patronatserklärungen ad incertas personas in noch höherem Maße als sonst fraglich sein, ob die Erklärung des Patrons rechtsgeschäftlichen Charakter hat. Je nach Gestalt des mit der Patronatserklärung versprochenen Handelns könnte es unter Umständen zu einer unüberschaubaren Haftung des Patrons kommen[126]. Diesem Gesichtspunkt wird jedenfalls dann Rechnung zu tragen sein, wenn aufgrund des ambivalenten Charakters der Patronatserklärung ohnehin der Bindungswille des Patrons infrage steht. In einem solchen Fall müssten dann jedenfalls besondere Umstände vorliegen, um annehmen zu können, dass sich der Patron gegenüber einer unbestimmten Anzahl von Personen im Voraus binden wollte[127]. Solche Umstände könnten vorliegen, wenn die Verflechtung im Konzern besonders stark ist und die durch die Patronatserklärung begünstigte Tochtergesellschaft im Geschäftsverkehr ohnehin in besonderer Weise der Muttergesellschaft zugerechnet wird, wie etwa eine Banktochter. Zumindest in solchen Fällen ist es vorstellbar, dass tatsächlich das Angebot zum Abschluss eines Patronatsvertrages an die Allgemeinheit gerichtet wird[128].

---

[123] Schneider, ZIP 1989, 619, 624.

[124] Vgl. das Beispiel aus dem Geschäftsbericht 1994 der Deutsche Bank AG bei Habersack, ZIP 1996, 257.

[125] Schneider, ZIP 1989, 619, 624.

[126] Vgl. Merkel, in: Schimansky/Bunte/Lwowski (Hrsg.), Bankrechts-Handbuch, § 98, Rz. 8, Fn. 5.

[127] Teilweise wird davon ausgegangen, dass in solchen Fällen ein Bindungswille des Patrons schon grundsätzlich ausscheide und dass Patronatserklärungen ad incertas personas nicht als rechtsgeschäftliche Erklärungen zu werten seien, vgl. Larenz/Canaris, Schuldrecht II 2, § 60 V (S. 84). Kritisch gegenüber der Annahme eines Bindungswillens aufseiten des Patrons auch LG Frankfurt a.M., AG 1977, 321, 322.

[128] So auch: Habersack, ZIP 1996, 257, 260.

Es stellt sich dann aber zum anderen die Frage, wie der Kreditgeber ein solches Angebot annehmen soll, beziehungsweise, ob es überhaupt einer Annahme bedarf. Ließe sich die Patronatserklärung als einseitiges Rechtsgeschäft qualifizieren[129], dann bedürfte es keiner Annahmeerklärung. Dies wäre im Hinblick auf den Grundsatz, dass die rechtsgeschäftliche Begründung eines Schuldverhältnisses einen Vertrag erfordert (§ 311 Abs. 1 BGB n.F.) bedenklich. Zwar stellen auch die §§ 657 ff. BGB insofern eine Durchbrechung dieses Grundsatzes dar, als dass hier durch (einseitiges) Rechtsgeschäft ein Schuldverhältnis entstehen kann, ohne dass eine Annahmeerklärung erforderlich wäre. Jedoch bedarf es immerhin der Vornahme der in der Auslobung beschriebenen Handlung, beziehungsweise der Herbeiführung des dort beschriebenen Erfolges, sei es auch ohne Kenntnis von der Auslobung (§ 657 BGB a.E.). Diese Grundsätze lassen sich erkennbar nicht auf Patronatserklärungen übertragen. Abgesehen davon, dass die Einordnung bestimmter Patronatserklärungen als einseitiges Rechtsgeschäft zumindest bei Unkenntnis des Kreditgebers von der Erklärung zu einem übertriebenen Gläubigerschutz führen würde[130], wäre auch die bei einer solchen Einordnung nahe liegende Anwendung des § 658 BGB befremdlich[131]. Dann könnte es dazu kommen, dass ein Protégé zunächst aufgrund einer im Geschäftsbericht des Patrons veröffentlichen Patronatserklärung kreditwürdig erscheint, bei Erscheinen des nächsten Geschäftsberichtes aber plötzlich zumindest gegenüber neuen Gläubigern[132] kreditunwürdig würde, und zwar unabhängig davon, ob diese Gläubiger etwa nur Kenntnis von dem alten Geschäftsbericht hatten. Dies zeigt, dass das Instrument der Auslobung im Bereich des Kreditsicherungsrechts offensichtlich fehl am Platze ist. Es ist daher davon auszugehen, dass auch „Patronatserklärungen ad incertas personas" allenfalls dann zu Patronatsverträgen führen können, wenn sie, und sei es konkludent (§ 151 BGB), angenommen werden. Für den Sicherheitswert solcher Patronatsverträge würde nichts anderes als bei den sonstigen „weichen" Erklärungsformen gelten.

---

[129] Hierfür: Uwe H. Schneider, ZIP 1989, 619, 624.
[130] So auch: Habersack, ZIP 1996, 257, 262.
[131] Für diese Anwendung: Schneider, ZIP 1989, 619, 624 f.
[132] Für eine Möglichkeit des Widerrufes auch gegenüber Altgläubigern: Schneider, ZIP 1989, 619, 625.

2. Zum Sicherheitswert von „weichen" und „sehr weichen" Patronatserklärungen

Der Inhalt der von dem Patron mit Patronatsverträgen übernommenen Leistungspflichten ist vor dem Hintergrund der Konzernfinanzierung zu sehen. Die den genannten Erklärungsformen zu entnehmenden Verpflichtungen sind, anders als Garantien und Bürgschaften, zumindest prinzipiell geeignet, den für den Kreditgeber bedeutsamen spezifischen Risiken von Kapitalverschiebungen im Konzern entgegenzuwirken. Dies gilt allerdings nur so lange, wie sich der Patron an die Verpflichtungen aus dem Patronatsvertrag hält. Ob und wie lange der Patron dies tut, entzieht sich aber grundsätzlich dem Kenntnisbereich des Kreditgebers. Gerade, wenn er gemäß § 18 Abs. 1 Satz 2 KWG auf eine Offenlegung der wirtschaftlichen Verhältnisse verzichtet hat, sind ihm die Betriebsinterna von Patron und Protégé verborgen[133]. Anhaltspunkte dafür, dass der Patron sich pflichtwidrig verhalten und insbesondere konzerninterne Verhältnisse oder Kapitalstrukturen verändert hat, ergeben sich für den Kreditgeber erst dann, wenn der Protégé in die Krise und regelmäßig bald darauf in Insolvenz gerät. Hieraus folgt, dass Patronatserklärungen nicht in dem oben erläuterten Sinne zu einer juristischen Besserstellung des Konzernkreditgebers führen können. Dies dürfte den an der Vereinbarung solcher Erklärungen beteiligten „professionellen Vertragsschließenden"[134] auch bekannt sein. Die zumindest theoretisch mögliche Erzwingung der Erfüllung von Leistungspflichten aus „weichen" Patronatsverträgen durch Klage spielt jedenfalls in der Praxis keine Rolle. Von praktischer Bedeutung ist allein, dass dem Kreditgeber bei Verletzung von Pflichten aus dem Patronatsverhältnis ein Schadensersatzanspruch gegen den Patron nach den §§ 280 ff. BGB n.F. zustehen kann.

a) Haftung bei Verletzung von Leistungspflichten aus „weichen" Patronatsverträgen

Kommt infolge einer mit Rechtsbindungswillen abgegebenen Patronatserklärung ein Patronatsvertrag zustande, so entstehen je nach Erklärungstypus bestimmte Leistungspflichten aufseiten des Patrons. Beispielsweise können Erklärungen des Patrons über seine Beteiligung an dem Protégé

---

[133] Hierauf weist etwa das LG München I (WM 1998, 1285, 1286) hin.
[134] Esser/Weyers, § 40 V 4 (S. 360).

("Beteiligungserklärungen") zu verbindlichen Auskunftsverträgen führen[135]. Dies kann auch bei Erklärungen, mit denen die solide Geschäftspolitik des Patrons[136] oder sein Vertrauen in das Management[137] herausgestellt werden, der Fall sein. Sagt der Patron zu, den Kreditgeber während der Kreditlaufzeit ständig mit Informationen über die finanzielle Lage des Protégés zu versorgen[138], so liegt keine Auskunft, sondern ein Auftrag vor. Leistungspflichten übernimmt der Patron auch, wenn er sich im Rahmen der so genannten „Beibehaltungserklärungen"[139] verpflichtet Beherrschungs-, Organschafts- und Gewinnabführungsverträge beizubehalten[140]. Die Frage, ob und welche konkreten Leistungspflichten aus den so genannten Beibehaltungs-, Geschäftspolitik-, Management- und sonstigen Informationserklärung folgen, wird in der Literatur[141] intensiv diskutiert. Die Diskussion ist wegen der Vielfalt von Erklärungsformen und wegen der stets notwendigen[142] Auslegung jeder Erklärung einzelfallorientiert. Es bestehen aber schon aus generellen Gründen Zweifel daran, dass „weiche" Patronatsverträge dem Kreditgeber eine mit einer Bürgschaft oder Garantie vergleichbare Sicherheit bieten können.

Eine erfolgreiche Klage auf Schadenersatz wegen Verletzung von vertraglichen Leistungspflichten setzt eine Pflichtverletzung durch den Schuldner, Verschulden und die Kausalität der Pflichtverletzung für den Schaden voraus. Bereits der Beweis der Pflichtverletzung durch den Patron kann dem

---

[135] Vgl. etwa Fried, S. 128 ff.; Michalski, WM 1994, 1229, 1230.

[136] „Geschäftspolitikerklärungen,", BuB-Wittig, Rz. 4/2863.

[137] „Managementerklärungen" oder „Vertrauenserklärungen", vgl. Obermüller, ZGR 1975, 1, 3. Ausführlicher: Fried, S. 149 ff.

[138] So genannte „Informationserklärungen", vgl. etwa Obermüller, ZGR 1975, 1, 3 und ausführlich Fried, S. 149 ff.

[139] Vgl. Kohout, S. 250; Mosch, S. 95.

[140] Solche Erklärungen finden unter anderem deswegen Verwendung, weil der Kreditgeber bei Bestehenbleiben des Beherrschungsverhältnisses hoffen kann, Ansprüche des Protégés auf konzerninterne Verlustübernahme nach § 302 AktG pfänden zu können. Es kann allerdings auch bei diesen Erklärungsformen die rechtliche Bindung des Patrons infrage stehen. Dies ist etwa dann der Fall, wenn Zusätze wie „eine Reduzierung der Beteiligung ist nicht beabsichtigt" (Fried, S. 126) oder „anderenfalls werden wir uns bemühen, eine zufriedenstellende Lösung zu finden" (Obermüller, ZGR 1975, 1, 3) verwendet werden.

[141] Am ausführlichsten: Fried, Die weiche Patronatserklärung, Univ. Diss, 1996. Eingehend aber auch Limmer, DStR 1993, 1750 und Möser, DB 1979, 1469. Ausführungen zu einzelnen Typen von „weichen" Patronatserklärungen finden sich in nahezu jedem Beitrag, der sich mit Patronatserklärungen befasst.

[142] v. Westphalen, Exportfinanzierung, S. 385.

Kreditgeber Schwierigkeiten bereiten. Abgesehen davon, dass er zunächst das Gericht davon überzeugen muss, dass trotz eines möglicherweise unklaren Wortlautes der Erklärung[143] überhaupt konkrete Leistungspflichten des Patrons begründet worden sind, kennt der Kreditgeber – gerade wenn er von einer Offenlegung der wirtschaftlichen Verhältnisse nach § 18 Abs. 1 Satz 2 KWG abgesehen hat – nicht die Betriebsinterna von Patron und Protégé. Wenn der Kreditgeber im Prozess vorträgt, es liege eine Pflichtverletzung durch den Patron vor, wird es sich demnach regelmäßig um eine bloße Vermutung handeln. Bereits hieraus resultieren Beweisschwierigkeiten. Es ist grundsätzlich nur über substantiierte Tatsachenbehauptungen Beweis zu erheben. Zwar kann bereits die Behauptung, die andere Partei müsse ihre Pflichten verletzt haben, weil der Schaden nicht anders zu erklären sei, hinreichend substantiiert sein[144]. Solche niedrigen Anforderungen an die Substantiierungspflicht sind jedoch nur dann gerechtfertigt, wenn die beweisbelastete Partei mangels eigener Sachkunde[145] nicht umhin kann, sich auf Vermutungen zu berufen. Die Unkenntnis des Kreditgebers von den Betriebsinterna von Patron und Protégé beruht aber nicht auf mangelnder Sachkunde, sondern regelmäßig darauf, dass der Kreditgeber sich diese Betriebsinterna nicht hat offen legen lassen, wie dies § 18 Abs. 1 KWG grundsätzlich verlangt.

Selbst aber wenn man davon ausgeht, dass die Verletzung einer Leistungspflicht durch den Patron feststeht und der Patron sich hinsichtlich seines Verschuldens zu entlasten hat (§ 280 Abs. 1 Satz 2 BGB n.F.), steht der Kreditgeber hier vor erheblichen Beweisschwierigkeiten[146]. Schwer wiegt vor allem, dass der Gläubiger eines Schadensersatzanspruches grundsätzlich die volle Beweislast für die haftungsbegründende[147] Kausalität zwi-

---

[143] Bordt (WpG 1975, 28) und Limmer (DStR 1993, 1750) berichten davon, dass Patronatserklärungen zuweilen Absichtlich unklar abgefasst werden. Wenn dies auf Betreiben des Patrons geschieht könnte, tatsächlich von einer „Kalkulation mit der Rechtsunsicherheit" (vgl. Kohout, S. 22) gesprochen werden.

[144] BGH, Urt. v. 11.4.2000 – X ZR 19/98, NJW 2000, 2812, 2814.

[145] BGH, Urt. v. 10.1.1995 – IV ZR 31/94, NJW 1995, 1160. Gerade bei Auskunftsverträgen ist regelmäßig die Sachkunde des anderen Teils gefragt. Dies kann dazu führen, dass der allein sachkundige Auskunftgebende im Prozess Tatsachen für die Richtigkeit der Auskunft vortragen muss, vgl. auch BGH, Urt. v. 28.1.1985 II ZR 10/84, WM 1985, 381, 382.

[146] So auch BuB-Wittig, Rz. 4/2859.

[147] Hinsichtlich der haftungsausfüllenden Kausalität (Höhe des Schadens) kann ein angerufenes Gericht gemäß § 287 ZPO nach freier Überzeugung entscheiden. Für die

schen Pflichtverletzung und Schaden trägt[148]. Dies gilt auch im Rahmen von § 280 BGB n.F.[149]. Nur im Ausnahmefall können Beweiserleichterungen in Betracht kommen[150]. Entgegen einiger Stimmen in der Literatur[151] liegt ein solcher Ausnahmefall bei „weichen" Patronatserklärungen nicht vor. Die Verletzung von Leistungspflichten aus einem „weichen" Patronatsvertrag führt auch dann nicht zu Beweiserleichterungen hinsichtlich des Kausalitätsbeweises, wenn Auskünfte über den Protégé geschuldet waren. Anders als in zahlreichen von der Rechtsprechung entschiedenen Fällen von Auskunftsverträgen[152] obliegt dem Patron nicht aus berufsrechtlichen Gründen eine Pflicht zur erschöpfenden Beratung, ja es lässt sich nicht einmal sagen, dass er dem Kreditgeber zur Kreditvergabe an den Protégé „rät". Auch dient die „weiche" Patronatserklärung nicht dazu, dem Kreditgeber ein bestimmtes Risiko „bewusst zu machen"[153]. „Weiche" Patronatserklärungen dienen vielmehr dazu, ein dem Kreditgeber bekanntes Risiko, nämlich die konzernbedingte Abhängigkeit der Kreditrückführung vom Wohlwollen des Patrons abzusichern. Weil sich die Funktion von Patronatserklärungen auf diesen Sicherungsaspekt beschränkt, besteht hier kein Raum für Beweiserleichterungen und es gilt die allgemeine Beweislastregel, wonach „jede Partei die Beweislast für die Voraussetzungen einer von

---

bei Patronatserklärungen infrage stehende haftungsbegründende Kausalität gilt diese Ausnahmeregelung aber nicht, vgl. Baumbach-Hartmann, § 287, Rz. 6, m.w.N.

[148] Vgl. BGH, Urt. v. 31.5.1978 – VIII ZR 263/76, NJW 1978, 2197; Urt. v. 1.7.1980, VI ZR 112/79, NJW 1980, 2186; Urt. v. 1.7.1988 – IX ZR 117/86, NJW 1988, 200, 203.

[149] Palandt-Heinrichs, § 280, Rz. 38.

[150] Zu den von der Rechtsprechung entwickelten Grundsätzen einer Beweislastverteilung nach Gefahren- und Verantwortungsbereichen vgl. BGH, Urt. v. 12.10.1967 – VII ZR 8/65, BGHZ 48, 310, 312; Urt. v. 19.2.1975 – VIII ZR 144/73, BGHZ 64, 46, 51. Für den Kausalitätsbeweis können Beweiserleichterungen in verschiedenen Fallgruppen in Betracht kommen. Namentlich geht es hier um die deliktische Produzentenhaftung, Arzthaftung, Verletzungen der Befundsicherungspflicht, sowie Berufspflichtverletzungen. Vgl. zu den einzelnen Fallgruppen Baumgärtel (S. 27 ff.) m.w.N. zur Rechtsprechung.

[151] Fried, S. 208; Küffner, DStR 1996, 146, 147.

[152] Vgl. BGH, Urt. v. 23.6.1981 – VI ZR 42/80, NJW 1981, 2741, 2743 (Rechtsanwalt); Urt. v. 29.3.1983, VII ZR 172/81, NJW 1983, 1665 (Rechtsanwalt), BGH, Urt. v. 6.2.1992 – IX ZR 95/91, WM 1992, 742, 743 (Rechtsanwalt); Urt. v. 5.11.1992 – IX ZR 200/91, NJW 1993, 1320, 1322 ff. (Rechtsanwalt).

[153] Vgl. BGH, Urt. v. 30.9.1993 – IX ZR 73/93, BGHZ 123, 311, 314; Urt. v. 16.11.1993 – XI ZR 214/92, BGHZ 124, 151, 160.

ihr in Anspruch genommenen Norm trägt"[154]. Der Kreditgeber muss daher im Prozess nicht nur beweisen, dass der Patron eine Pflicht verletzt hat, sondern auch, dass der eingetretene Schaden (Kreditausfall) auf dieser Pflichtverletzung beruht und ohne sie nicht eingetreten wäre. Dies erscheint bei vielen „weichen" Patronatserklärungen äußerst schwierig. Kaum zu beweisen dürfte etwa sein, dass der Kreditgeber bei pflichtgemäßer Information durch den Patron das Darlehen an den Protégé vor dessen Insolvenz gekündigt und die Darlehensvaluta zurückerhalten hätte. Wie der Kreditgeber weiß, handelt es sich bei dem Protégé um eine mit Fremdkapital operierende Konzernuntergesellschaft, die kaum jemals in der Lage sein dürfte, die noch offenen Darlehensvaluta „auf einen Schlag" zurückzuzahlen. Eine Kündigung des Darlehens würde in solchen Fällen allenfalls zu einer früheren Insolvenz des Protégés, nicht aber zur Befriedigung des Kreditgebers führen. Auch was die so genannten „Beibehaltungserklärungen" anbelangt ist festzuhalten, dass der auf der Insolvenz des Protégés beruhende Schaden des Kreditgebers ebenso gut eintreten kann, wenn der Patron sich pflichtgemäß verhält. Dies ist der Fall, wenn der Patron seine unwirtschaftlich arbeitende Tochtergesellschaft abwickelt, ohne die Beteiligung zu veräußern – was ihm die „Beibehaltungserklärungen" nicht verbieten[155].

b)   Haftung bei Verletzung von sonstigen Pflichten

Neben den vertraglichen Leistungspflichten können aus dem Patronatsverhältnis weitere Pflichten des Patrons resultieren. Auch dort, wo der Patron sich nicht ausdrücklich zu Auskünften über die Finanzlage des Protégés verpflichtet, kann ihm eine Aufklärungspflicht hinsichtlich des Protégés obliegen. Dies folgt aus dem Inhalt des Patronatsverhältnisses. Bei dieser Konstellation der Konzernfinanzierung wird regelmäßig allen Beteiligten klar sein, dass der Kredit nicht wegen der Bonität des Protégés, sondern im Vertrauen auf den Patron herausgelegt wird. Schließt der Patron daher einen Patronatsvertrag mit dem Kreditgeber, so trifft ihn kraft Gesetzes

---

[154] BGH, Urt. v. 17.2.1970 – III ZR 139/67, BGHZ 53, 245, 250; vgl. auch AK-ZPO-Rüßmann, vor § 284, Rz. 17.
[155] Fried (S. 222 ff.) meint allerdings, dass dem Patron hier die Berufung darauf, dass er den Protégé hätte abwickeln können nach Sinn und Zweck der Beibehaltungserklärung verwehrt sei. Eine solche Auslegung würde aber im Ergebnis dazu führen, dass aus einer Pflicht zur Beibehaltung der Beteiligung eine Pflicht zum Einstehen für die Verbindlichkeiten des Protégés würde, ohne dass sich hierfür ein Anhaltspunkt im Wortlaut der Erklärung oder in sonstigen Umständen findet.

(§ 241 Abs. 2 BGB n.F.) eine Pflicht zur Rücksichtnahme auf die Interessen des Kreditgebers. Diese Pflicht erfordert es zumindest, dass der Patron auf eine bestehende akute Finanzkrise des Protégés oder auf Straftaten von dessen Management hinweist.

Eine solche Pflicht kann den Patron selbst dann treffen, wenn kein Patronatsvertrag geschlossen wurde und nur eine „sehr weiche" Patronatserklärung vorliegt. Auch ohne Vorliegen eines Rechtsgeschäfts kann ein Schuldverhältnis mit den Pflichten nach § 241 Abs. 2 BGB n.f. entstehen (§ 311 Abs. 2, 3 BGB n.F.). Dies kann im Falle der Verwendung von Patronatserklärungen aber nur dann geschehen, wenn der Patron sich mit der Erklärung an den Kreditgeber gewandt hat[156]. Die bloße Existenz des Patrons als herrschende Konzernobergesellschaft kann eine Haftung nicht begründen. Eine allgemeine Konzernvertrauenshaftung findet im deutschen Konzernrecht keine Grundlage[157].

Die Tatsache, dass der Patron nicht selbst Vertragspartner des Kreditvertrages werden soll und will steht der Begründung von Aufklärungspflichten auf seiner Seite dagegen nicht entgegen. Schließlich stellt § 311 Abs. 3 BGB n.F. klar, das unter bestimmten Voraussetzungen ein Schuldverhältnis mit Pflichten nach § 241 Abs. 2 BGB n.F. auch zu Personen entstehen kann, die weder zu den vertragsschließenden Parteien in geschäftlichem Kontakt standen, noch Vertragspartner werden sollten. Indem der Patron die Patronatserklärung abgibt schaltet er sich jedenfalls in die Vertragsverhandlungen über den Kredit an den Protégé ein. Hiermit schafft er einen Vertrauenstatbestand. Zwar ist die Situation bei Vertragsverhandlungen oft ebenso von „gesundem Misstrauen", wie Vertrauen gezeichnet[158]. Doch darf der Verhandlungspartner jedenfalls davon ausgehen, dass der andere Teil sich im Hinblick auf das Vertragsziel redlich verhält[159]. Hierbei handelt es sich um besonderes Vertrauen im Sinne des § 311 Abs. 3 BGB n.F. Auch wenn der Patron zuvor nicht mit dem Kreditgeber in Kontakt gekommen ist, ist davon auszugehen, dass die Abgabe der Patronatserklärung für den Vertragsschluss erheblich ist. Angesichts der gewöhnlich dünnen

---

[156] Rosenberg/Kruse, BB 2003, 641, 646. Das OLG Celle (Nds. RPfl. 2000, 309, 310) hat Schadensersatzansprüche der Tochtergläubiger aus einer konzerninternen Patronatserklärung allerdings für den Fall zumindest nicht ausgeschlossen, dass ihnen gegenüber durch die Tochter von der Erklärung Gebrauch gemacht worden ist.
[157] Krieger, in: Lutter u.A. (Hrsg.), Konzernfinanzierung, § 4, Rz. 4.22. m.w.N.
[158] Pohlmann, S. 59.
[159] Pohlmann, S. 56.

Eigenkapitaldecke von Konzernuntergesellschaften würde der Kreditgeber den Kredit anderenfalls vollkommen auf gut Glück vergeben. Darauf, ob der Patron die Erklärung selbst bei den Verhandlungen abgibt, sie dem Protégé blanko überlässt oder sie auf Verlangen des Kreditgebers in Briefform an diesen versendet[160], kommt es deswegen nicht an. Zum Vertrauen in die Redlichkeit des Vertragspartners gehört das rechtserhebliche Vertrauen in die Offenbarung der für den Vertragsschluss wesentlichen Tatsachen durch den Verhandlungsgegner[161]. Mithin trifft den Patron auch und gerade bei Verwendung von „sehr weichen" Patronatserklärungen gegenüber dem Kreditgeber eine Aufklärungspflicht hinsichtlich der genannten Kreditrisiken, sofern diese bei dem Protégé bestehen.

Verletzt der Patron die ihm obliegende Aufklärungspflicht, so haftet er dem Kreditgeber gemäß § 280 Abs. 1 BGB n.F, gegebenenfalls i.V.m. § 311 Abs. 2, 3 BGB n.F. In einem solchen Fall wird es dem Kreditgeber zumeist auch gelingen, die Kausalität der Pflichtverletzung des Patrons für den eingetretenen Schaden (Kreditausfall) zu beweisen. Verschweigt der Patron wahrheitswidrig eine Existenz bedrohende Finanzkrise des Protégés oder die kriminellen Handlungen von dessen Management, so ist offensichtlich, dass der Kredit bei pflichtgemäßem Verhalten des Patrons gar nicht erst an den Protégé herausgelegt worden wäre.

c) Folgerungen

Der Sicherheitswert von „weichen" und „sehr weichen" Patronatserklärungen ist als gering zu bezeichnen. Es hat sich gezeigt, dass solche Erklärungen nicht besser als eine Garantie oder Bürgschaft geeignet sind, den Risiken der Kreditvergabe an Konzerngesellschaften zu begegnen. Vielmehr ist es so, dass der Kreditgeber mit einer „weichen" oder „sehr weichen" Patronatserklärung weniger in der Hand hat, als im Falle einer klassischen Kreditsicherheit. Die „weichen" Patronatserklärungen sehen jedenfalls keine primären Zahlungspflichten des Patrons vor. Da der Kreditgeber die Erfüllung der sonst mit „weichen" Patronatserklärungen verbundenen Leistungspflichten nicht kontrollieren und erzwingen kann, erschöpft sich der Sicherheitswert dieser Erklärung in der Möglichkeit der Geltendmachung von Sekundäransprüchen. Einer solchen Geltendmachung werden jedoch in der Mehrzahl der Fälle erhebliche Beweisschwierigkeiten entgegenstehen. Nur dann,

---

[160] Swinne, S. 121.
[161] Pohlmann, S. 56.

wenn der Patron wesentliche bei dem Protégé vorliegende Kreditrisiken verschwiegen hat, erscheint eine Inanspruchnahme der Muttergesellschaft Erfolg versprechend. Eine solche Haftung kommt allerdings auch dann in Betracht, wenn „nur" eine „sehr weiche" Patronatserklärung verwendet worden ist.

3. Die Sonderstellung der so genannten Ausstattungsverpflichtung

Mit der Ausstattung des Protégés sieht die so genannte Ausstattungsverpflichtung im Gegensatz zu den erwähnten „weichen" und „sehr weichen" Patronatserklärungen eine primäre Zahlungs- oder Sachleistungspflicht des Patrons vor. Unter allen bisher erwähnten Patronatserklärungen ist die so genannte Ausstattungsverpflichtung daher die einzige, die im Sinne der oben genannten Definition als „hart" bezeichnet werden kann. Mehrere Autoren[162] verwenden die Begriffe „Ausstattungsverpflichtung" und „harte Patronatserklärung" synonym. Dies ist nicht zu beanstanden. Zwar sehen auch einige andere im Konzernbereich verwendete atypische Kreditsicherheiten primäre Zahlungspflichten der Muttergesellschaft vor. Dies gilt etwa für so genannte Liquiditätshilfeerklärungen, mit denen die Muttergesellschaft gegenüber der Tochtergesellschaft verspricht, ihr die Mittel zur Bedienung bestimmter Verbindlichkeiten darlehensweise zur Verfügung zu Stellen[163] und für andere Erklärungen mit denen Bürgschaften der Muttergesellschaft in Aussicht gestellt werden. Es liegen damit jedoch keine Patronatserklärungen, sondern bedingte Darlehen[164] oder Bürgschaften[165] vor. Die so genannte

---

[162] MünchKomm-Habersack, vor § 765, Rz. 45; Kamprad, DB 1969, 327; Reinicke, S. 429; Erman-Seiler, vor § 765, Rz. 24; BuB-Wittig, Rz. 4/2868.

[163] Solche Erklärung werden auch als konzerninterne Patronatserklärungen bezeichnet, vgl. von Rosenberg/Kruse, BB 2003, 641, 642. Mit einer konkreten Liquiditätshilfeerklärung verspricht die Konzernmutter ihrer Tochtergesellschaft ihr bei Bedarf die Mittel zur Rückführung eines konzernexternen Darlehens zur Verfügung zu stellen. Bei der allgemeinen Liquiditätshilfeerklärung verspricht die Mutter dagegen gegenüber der Tochter ihr Mittel zur Bedienung jeglicher externer Verbindlichkeiten zur Verfügung zu stellen. Von der Verwendung dieser Erklärungen zur Kreditsicherung wird abgeraten, weil die Muttergesellschaft sie in entsprechender Anwendung des § 490 BGB n.F. kündigen kann, vgl. BuB-Wittig, Rz. 4/2919.

[164] Vgl. Gerth, S. 280.

[165] Verspricht die Muttergesellschaft die Stellung einer Bürgschaft für den Fall, dass sie den Organschaftsvertrag mit der Tochtergesellschaft kündigt, so liegt eine aufschiebend bedingte Bürgschaft vor. Vgl. Mosch, S. 123 ff. Teilweise wird auch formuliert: „Für den Fall, dass Sie zu irgendeinem Zeitpunkt eine Absicherung die-

Ausstattungsverpflichtung nimmt also eine Sonderstellung unter den Patronatserklärungen ein. Um allerdings festzustellen, ob diese nach wie vor häufig verwendete Patronatserklärung auch im Vergleich zu klassischen Kreditsicherheiten wie Bürgschaft und Garantie als „hart" bezeichnet werden kann, bedarf es einer weitergehenden Untersuchung.

---

ses Kredits wünschen, erklären wir uns schon heute bereit, Ihnen gegenüber die selbstschuldnerische Bürgschaft zu übernehmen" (vgl. Stecher, S. 15). Hier liegt ein Optionsvertrag vor. Eine Einordnung als Vorvertrag scheidet aus, weil kein Vorvertrag vorliegen kann, wenn bereits alle Vertragsbedingungen festliegen (vgl. BGH NJW 1962, 1812). Zwar könnte man auch eine durch die Willkür (vgl. Raape, S. 2 ff.) des einen Teils bedingte Bürgschaft annehmen. Die Rechtsfigur der so genannten „Wollensbedingung" (kritisch: Walsmann, JherJb 54, 228 ff.) ist aber entbehrlich. Vgl. MünchKomm-H.P. Westermann, § 158, Rz. 23.

C. Die so genannte Ausstattungsverpflichtung

Mit der so genannten Ausstattungsverpflichtung erklärt der Patron gegenüber dem Kreditgeber, er werde seine Tochtergesellschaft (Protégé) „finanziell so ausstatten, dass sie stets in der Lage ist, ihren gegenwärtigen und zukünftigen Verbindlichkeiten ihnen gegenüber fristgemäß nachzukommen"[1]. Auch bei dieser Erklärung handelt es sich um ein Angebot zum Abschluss eines Patronatsvertrages.

Der Erklärungsinhalt wird allgemein[2] durch eine wörtliche Auslegung ermittelt, woraus zwei Grundannahmen folgen. Zum einen soll die einzige aus der Erklärung folgende Primärpflicht des Patrons in der „Ausstattung" des Protégés liegen. Anders als bei einer Bürgschaft oder Garantie soll kein (Primär-) Anspruch des Kreditgebers auf Zahlung an sich gegeben sein. Die Ausstattung soll zum anderen allein durch den Kreditgeber eingefordert werden können. Ein Forderungsrecht des Protégés soll weder gegenüber dem Patron noch gegenüber dem Kreditgeber bestehen. Nachdem sich aus dem Wortlaut der Erklärung nicht ergibt, wie die „Ausstattung" des Protégés durchzuführen ist, wird gefolgert, dass es grundsätzlich im Belieben des Patrons stehe, wie er den Protégé ausstattet. Die Ausstattung könne etwa durch konzerninterne Darlehen oder Kapitalerhöhungen[3], durch Überlassung von geldwerten materiellen und immateriellen Rechtsgütern oder durch Drittmittelbeschaffung[4] erfolgen. In dieser inhaltlichen Offenheit wird ein besonderer Vorteil der Kreditbesicherung über diese Patronatserklärung gesehen[5]. Aus Sinn und Zweck der Erklärung folge jedoch, dass die Ausstat-

---

[1] So die der Entscheidung BGH NJW 1992, 2093 (BGHZ 117, 127; ZIP 1992, 338; BB 1992, 600; MDR 1992, 367) zu Grunde liegende Erklärung. Es handelt sich hierbei wohl um die bekannteste Entscheidung zum Bereich der Patronatserklärungen (vgl. etwa Anm. Obermüller, WuB I F 1 c Patronatserklärung 1.92; Anm. Geimer, LM BGB § 305, Nr. 57). Es ist allerdings zu beachten, dass der BGH auf die in diesem Fall vorliegende Patronatserklärung österreichisches Recht anzuwenden hatte.

[2] Vgl. etwa MünchKomm-Kramer, vor § 765, Rz. 45; Staudinger-Horn, vor § 765, Rz. 412; Mosch, S. 130 ff.; Gerth, S. 141 ff.; Kohout, S. 125.

[3] Zur Ausstattung durch Kapitalerhöhung vgl. eingehend Stecher, S. 83 ff.

[4] Bordt, WpG 1975, 285, 289.

[5] Larenz/Canaris, Schuldrecht II 2, V § 64 (S. 82). Hierzu ist allerdings anzumerken, dass es dem Patron als herrschender Konzernobergesellschaft ohnehin freisteht, seine Tochtergesellschaften nach Belieben auszustatten. Ob es dem Patron und dem Kre-

tung jedenfalls die Liquidität des Protégés sichern müsse[6]. Mit der Ausstattungsverpflichtung werde eine „präventive Liquiditätsvorsorgepflicht"[7] des Patrons begründet. Der Patron müsse dafür sorgen, dass bei dem Protégé stets[8] „Geldliquidität"[9] gegeben sei. Die Bedienung sämtlicher Forderungen gegen den Protégé, auch solcher von dritter Seite und jüngeren Datums als die besicherte Kreditverbindlichkeit, müsse sicher gestellt werden[10]. Dem Patron soll es nicht möglich sein, sich von dieser Verpflichtung durch eine betragsmäßige Beschränkung oder eine Befristung[11] oder eine außerordentliche Kündigung[12] zu befreien. Vielmehr soll der Patron verpflichtet sein, den Protégé „um jeden Preis" auszustatten[13].

---

    ditgeber einen Vorteil bringt, wenn der Patron sich hierzu verpflichtet, ist eine andere Frage.

[6] Kohout, S. 133 m.w.N.

[7] Stecher, S. 109. Merkel (in: Schimansky/Bunte/Lwowski (Hrsg.), Bankrechts-Handbuch, § 98, Rz. 17) spricht von einer Verpflichtung, die „Liquidität und Bonität der Tochtergesellschaft verbindlich sicherzustellen".

[8] Vgl. Stecher, S. 107. Mosch (S. 142) und Merkel (in: Schimansky/Bunte/Lwowski, Bankrechts-Handbuch, § 98, Rz. 18) sind dagegen der Ansicht, dass es grundsätzlich genüge, wenn der Patron die Liquidität des Protégés bei Fälligkeit der einzelnen Kreditraten sicherstelle. Etwas anderes soll aber gelten, wenn der Patron die Patronatserklärung ohne Bezugnahme auf ein bestimmtes Kreditverhältnis abgegeben hat (vgl. Mosch, S. 142), oder explizit erklärt hat, er werde die Liquidität „stets" sicherstellen (vgl. Merkel, a.a.O., § 98, Rz. 20). Dies war zumindest bei der erwähnten Entscheidung des BGH (Urt. v. 30.1.1992, NJW 1992, 2093) der Fall.

[9] Kohout, S. 125. Gemeint ist hiermit die Deckung aller jeweils fälligen Verbindlichkeiten des Protégés durch rechtzeitig flüssig zu machende Mittel.

[10] Kohout, S. 132; Stecher, S. 138.

[11] BuB-Wittig, Rz. 4/2885.

[12] Kohout, S. 129; Stecher, S. 172. Dies ist bedenklich, weil der Patron sich bei einer Verpflichtung zur ständigen Sicherung der Liquidität des Protégés in einer Situation der ständigen Pflichtanspannung befinden würde. Eine so verstandene Ausstattungsverpflichtung würde ein Dauerschuldverhältnis darstellen. Dies erkennt auch Stecher (S. 106) an. Bei Dauerschuldverhältnissen muss eine außerordentliche Kündigung aber in jedem Fall zumindest grundsätzlich möglich sein (vgl. nunmehr § 314 BGB n.F.). Es ist seit langem anerkannt, dass das Recht zur Kündigung aus wichtigem Grund nicht vollkommen ausgeschlossen werden kann, vgl. bereits BGH BB 1973, 819.

[13] Auch ein Wegfall der Geschäftsgrundlage soll nicht in Betracht kommen. Dies illustriert eine Entscheidung des LG Berlin (Urt. v. 18.2.2000 – 94 O 93/99, WM 2000, 1060; aufrecht erhalten durch KG, Urt. v. 18.1.2002 – 14 U 3416/00, WM 2002, 1190). Hier waren sämtliche Betriebsmittel des Protégés durch einen Brandanschlag zerstört worden. Dies hindert das LG Berlin (a.a.O., S. 1061) aber nicht daran anzunehmen, dass die Verpflichtung zur Ausstattung auch nach dem Brandanschlag fort-

Wegen des Fehlens eines primären Anspruches des Kreditgebers auf Zahlung an sich selbst soll diese Verpflichtung nicht als Bürgschaft oder Garantie einzuordnen sein[14]. Vielmehr liege ein „einseitig verpflichtender Vertrag sui generis, in dem die Ausstattungsverpflichtung als unechter Vertrag zu Gunsten Dritter ausgestaltet ist"[15], vor. Hierbei soll die Pflicht zur Ausstattung des Protégés eine Wahlschuld sui generis darstellen[16], sodass man insgesamt von einer Kreditsicherheit sui generis sprechen müsste. Es bestehen jedoch Bedenken gegen eine solche dem Wortlaut der so genannten Ausstattungsverpflichtung verhaftete Auslegung. Schon weil bei der Ausle-

---

bestanden habe und dem Patron mangels finanzieller Leistungsfähigkeit unmöglich geworden sei. Das OLG Celle (Urt. v. 28.6.2000 – 9 U 54/00, GmbHR 2001, 303 – nur Leitsatz) nimmt allerdings einen Wegfall der Geschäftsgrundlage für den Fall an, dass ein Gesellschafter gegenüber der Gesellschaft (und nicht gegenüber einem externen Dritten) eine Ausstattungsverpflichtung abgegeben hat und über das Vermögen der Gesellschaft das Gesamtvollstreckungsverfahren eröffnet wird.

14 Es wird allerdings immer wieder auf „Ähnlichkeiten" zu diesen Sicherungsformen hingewiesen. Vgl. Obermüller, ZGR 1975, 1, 27; v. Westphalen, Exportfinanzierung, S. 394; Lwowski, Kreditsicherung, Rz. 464 (S. 411); Bordt, WpG 1975, 285, 289; Rümker, WM 1974, 990, 991; Schraepler, ZKW 1975, 215, 216; Jauernig-Vollkommer, vor § 765, Rz. 20.

15 Michalski, WM 1994, 1229, 1238. Einen echten Vertrag zu Gunsten Dritter kann die wörtlich verstandene Ausstattungsverpflichtung nicht darstellen, da dem Protégé kein eigenes Forderungsrecht gegen den Patron zustehen soll. Aber auch eine Einordnung als unechter Vertrag zu Gunsten Dritter (hierfür: Obermüller, ZGR 1975, 1, 9, 27; Rümker, WM 1974, 990, 991; Schraepler, ZKW 1975, 215, 216) wäre nicht korrekt. Auch beim unechten Vertrag zu Gunsten Dritter besteht das Valutaverhältnis zwischen dem Versprechensempfänger und dem Dritten (vgl. MünchKomm-Gottwald, § 328 (Bd. 2a), Rz. 28). Der Protégé soll die Ausstattung aber auch nicht von dem Kreditgeber fordern können. Deswegen kann hier allenfalls ein Vertrag zu Gunsten Dritter sui generis vorliegen, bei dem das Valutaverhältnis ausnahmsweise zwischen dem Versprechenden (Patron) und dem Dritten (Protégé) besteht.

16 Kohout, S. 138. Dies ist folgerichtig, wenn man bedenkt, dass dem Patron nicht nur ein Wahlrecht in Bezug auf den Zeitpunkt seiner Leistung (präventiv oder erst bei Liquiditätsschwierigkeiten), sondern auch die Möglichkeit zum Wechseln der Erfüllungsmittel und zum Vermischen verschiedener Formen der Ausstattung (vgl. Kohout, S. 138; Michalski, WM 1994, 1229, 1239; Stecher, S. 96) zustehen soll. Zwar kann eine gewöhnliche Wahlschuld auch dann vorliegen, wenn sich das Wahlrecht auf die Modalitäten der Erfüllung (also Zeit und Ort) bezieht, vgl. Ziegler, AcP 171 (1971), 193, 198, m.w.N. Nach § 262 BGB ist jedoch nur „die eine oder die andere Leistung" geschuldet und nach § 263 Abs. 2 BGB gilt die gewählte Leistung als die von Anfang an geschuldete. Dies passt nicht auf eine Verpflichtung, bei welcher der Schuldner die Erfüllungsmittel ständig wechseln und vermischen können soll.

gung dieser Erklärung nicht allein der Wortlaut, sondern auch der wirkliche Wille der Parteien zu erforschen ist (§§ 133, 157 BGB), muss eine anderweitige Auslegung zumindest erwogen werden.

I. Folgen einer wörtlichen Auslegung der so genannten Ausstattungsverpflichtung

Legt man die so genannte Ausstattungsverpflichtung wie soeben dargestellt wörtlich aus, so gelangt man zu Ergebnissen, die mit der Interessenlage der Parteien des Patronatsverhältnisses nicht vereinbar sind.

1. Zweifel an der Rechtsverbindlichkeit einer Verpflichtung zur Ausstattung des Protégés

Es bestehen Zweifel daran, dass eine Verpflichtung zur Ausstattung des Protégés überhaupt rechtsverbindlich vereinbart werden kann. Diese Zweifel gründen sich einerseits auf die inhaltliche Unbestimmtheit dieser angenommenen Verpflichtung und andererseits darauf, dass der Patron mit einer Verpflichtung zur Ausstattung „um jeden Preis" unbillig belastet würde.

a) Mangelnde Bestimmtheit einer Verpflichtung zur Ausstattung des Protégés

Auch eine Kreditsicherheit sui generis müsste den allgemeinen Grundsätzen des Schuldrechts und des Rechts der Kreditsicherheiten genügen. Ein elementarer Grundsatz des Schuldrechts ist es, dass eine schuldrechtliche Leistungspflicht so konkret sein muss, dass Gegenstand und Dauer der geschuldeten Leistung zumindest bestimmbar sind[17]. Dies ist bei einer Verpflichtung zur Ausstattung des Protégés möglicherweise nicht der Fall. Bei einer Verpflichtung zur Ausstattung des Protégés sind weder Gegenstand noch Dauer der geschuldeten Leistung von vornherein bestimmt. Gegenstand dieser Verpflichtung soll die Herstellung eines Zustandes (Liquidität) bei einem Dritten (dem Protégé) sein. Hierbei sollen die geschuldeten Leistungshandlungen sowohl nach ihrer Art (Modalitäten der Ausstattung) als auch nach ihrem Umfang (Betrag der aufzuwendenden Mittel) von der Liquiditätssituation des Protégés abhängen. Eine Bestimmbarkeit der von dem Patron geschuldeten Leistungshandlungen liegt daher nur dann vor, wenn dieser einen detaillierten Einblick in die Betriebsinterna des Protégés hat und dessen Li-

---

[17] MünchKomm-Kramer, § 241, Rz. 6 (Bd. 2a).

quiditätssituation beurteilen kann. Jedenfalls dann, wenn eine solche Einblicksmöglichkeit nicht gegeben ist, sind die erforderlichen Leistungshandlungen nicht bestimmbar und die zu Grunde liegende Verpflichtung ist mangels hinreichender Bestimmtheit nicht rechtsverbindlich[18]. Hieran ändert es nichts, dass mit der wörtlich verstandenen Ausstattungsverpflichtung letztlich ein Erfolg, nämlich die Herstellung der Liquidität des Protégés, geschuldet sein soll[19]. Zwar verbietet es das Schuldrecht den Parteien nicht, die Erfüllungsmodalitäten zur Erreichung eines bestimmten Zieles, namentlich eines Erfolges, offen zu lassen[20]. Erforderlich ist jedoch zumindest, dass der Schuldner erkennen kann, ob seine Leistungsbemühungen zum Erfolg geführt haben.

Anders als etwa ein Werkunternehmer[21], der das Werk nur einmal ordnungsgemäß herstellen muss und der erkennen kann, ob das Werk endgültig hergestellt worden ist, kann der Patron dies ohne Kenntnis der Betriebsinterna des Protégés nicht. Es kann ihm aber auch nicht zugemutet werden, dem Protégé aufs Geratewohl dauernd so viel Liquidität zuzuführen, wie maximal notwendig ist[22].

b) Das Bestimmtheitserfordernis im Recht der Kreditsicherheiten

Da es sich bei dem Patron regelmäßig um die den Protégé beherrschende Konzernobergesellschaft handelt[23] ist es immerhin denkbar[24], dass der Pat-

---

[18] So in Bezug auf die so genannte Ausstattungsverpflichtung: LG München I, WM 1998, 1285, 1286 m. Abl. Anm. Schröter (WuB I F 1 c – 1.98). Das Urteil wurde durch rechtskräftiges Versäumnisurteil des OLG München vom 21.10.1998 (7 U 3960/98) aufgehoben.
[19] v. Bernuth (ZIP 1999, 1501, 1503) und Schröder (ZGR 1982, 552, 559) sind allerdings der Auffassung, hiermit sei den Anforderungen an die Bestimmtheit der Verpflichtung Genüge getan.
[20] MünchKomm-Kramer, § 241, Rz. 6 (Bd. 2).
[21] Die Situation des Werkunternehmers, der den Erfolg der Werkerstellung schuldet, wird von v. Bernuth (ZIP 1999, 1501, 1503) und Schröder (ZGR 1982, 552, 559) vergleichsweise herbeigezogen.
[22] LG München I, WM 1998, 1285, 1286.
[23] Vgl. BGH, Beschl. v. 12.7.1993 – II ZR 179/92, DStR 1993, 1753 (Vorinstanz: OLG Karlsruhe, Urt. v. 23.3.1992 – 15 U 123/91, DStR 1993, 486: 60%, weitere 30% des Kapitals des Protégés hielt der Geschäftsführer des Patrons; BGH, Urt. v. 30.1.1992 – IX ZR 112/91, NJW 1992, 2093: hier war der Protégé eine über eine 100%ige Tochter gehaltene Enkel-GmbH; BGH, Urt. v. 8.5.2003 – IX ZR 334/01,

ron im Einzelfall einen so guten Einblick in die Betriebsinterna des Protégés hat, dass nach den Grundsätzen des allgemeinen Schuldrechts von einer hinreichenden Bestimmbarkeit der von ihm geschuldeten Leistung ausgegangen werden kann. Auch in einem solchen Fall müssten aber Zweifel an der Rechtsverbindlichkeit der angenommenen Verpflichtung zur Ausstattung des Protégés bestehen.

Es ist zu bedenken, dass eine Verpflichtung des Patrons zur Ausstattung des Protégés „um jeden Preis" zu einer zumindest potenziell unbegrenzten Haftung des Patrons führen würde. Mit einer solchen Verpflichtung würde der Patron das Risiko übernehmen, dass der Protégé als Ausstattung empfangene Mittel nicht an den Kreditgeber weiterleitet (so genanntes „Weiterleitungsrisiko"[25]). Auch wenn er den Protégé bereits ausgestattet hat, soll ihn eine „Nachschusspflicht"[26] treffen, wenn die Liquiditätssituation sich verschlechtert. Konsequenz hieraus ist, dass der Patron zumindest dann auch für die Zahlungswilligkeit beziehungsweise Weiterleitungsunwilligkeit des Protégés haftet, wenn von dem Protégé empfangene Mittel mit oder ohne dessen Willen dahinschmelzen[27]. Unter Berücksichtigung dieser dem Patron aufgebürdeten Risiken lässt sich mit Obermüller[28] sagen, dass der Patron erst dann von seiner Verpflichtung frei wird, wenn der Protégé den Kreditgeber mit

---

BB 2003, 1300: 75%; OLG Düsseldorf, Urt. v. 28.11.1996 – 6 U 11/95, ZIP 1997, 27: 100%; OLG Stuttgart, Urt. v. 21.2.1985 – 7 U 202/84, WM 1985, 455: 52%; LG München I, Urt. v. 2.3.1998 – 11 HKO 20623/97, WM 1998, 1285: hier gaben die beiden Gesellschafter des Protégés (25% und 75%) eine gemeinsame Patronatserklärung ab. Lediglich in einer Entscheidung des OLG Nürnberg (Urt. v. 9.12.1998 – 12 U 2626/98, IPrax 1999, 464) war der Patron eine natürliche Person. Da es sich nach dem Sachverhalt um den „Alleineigentümer" des Protégés (einer US-amerikanischen Gesellschaft) handelte, kann aber wohl zumindest von maßgeblichem Einfluss auf die Geschäftsführung des Protégés und damit von einem konzernähnlichen Verhältnis ausgegangen werden.

24 Einsichtsmöglichkeiten des Patrons bestehen jedenfalls dann, wenn Mutter- und Tochtergesellschaft in einem Konzern unter einheitlicher Leitung (§ 18 Abs. 1 AktG) zusammengefasst sind. Zweifelnd aber LG München I, WM 1998, 1285, 1286 unter Hinweis darauf, dass die Bilanzsituation des Protégés möglicherweise äußerst komplex sein kann.

25 BuB-Wittig, Rz. 4/2887.

26 Mosch, S. 138.

27 Es ist daher nicht richtig, dass der Patron nicht für die Zahlungsfähigkeit des Protégés hafte. So aber: MünchKomm-Habersack, vor § 765, Rz. 45.

28 Obermüller, ZGR 1975, 1, 27.

den empfangenen Mitteln endgültig[29] und restlos befriedigt hat. Da der Patron bis zu diesem Zeitpunkt für die Abdeckung aller Verbindlichkeiten des Protégés sorgen muss[30], können die von ihm geschuldeten Aufwendungen für die Ausstattung des Protégés ein Vielfaches der besicherten Darlehensverbindlichkeit betragen. Auch die als „Drittleistungsbefugnis"[31] des Patrons bezeichnete Möglichkeit, gemäß § 267 BGB[32] auf die besicherte Kreditverbindlichkeit zu leisten und damit auch die Ausstattungsverpflichtung zum Erlöschen[33] zu bringen, ändert hieran nicht grundsätzlich etwas. Richtig ist, dass der Patron grundsätzlich als Dritter gemäß § 267 BGB auf die Kreditschuld des Protégés leisten kann. Die Annahme, dass das in § 267 Abs. 2 BGB vorgesehene Widerspruchsrecht abbedungen sei[34] begegnet jedoch Bedenken. Abgesehen davon, dass sich hierfür keine Anhaltspunkte im Wortlaut der Erklärung finden, könnten sowohl der Kreditgeber wie auch der Protégé ein Interesse daran haben, dass die angenommene Verpflichtung zur Ausstattung des Protégés fortbesteht. Der Protégé muss ohne

---

[29] Auch wenn der Protégé mit den empfangenen Mitteln die letzte Kreditrate tilgt, soll dies den Patron noch nicht notwendig befreien. Vielmehr soll der Patron nur dann frei werden, wenn der Kreditgeber diese letzte Rate auch behalten darf und die Zahlung nicht etwa im Wege der Insolvenzanfechtung rückgängig gemacht werden kann, vgl. BuB-Wittig Rz. 4/2882 f. Siehe auch die Formulierungsvorschläge in Rz. 2905 ff., wo explizit auf dieses Problem eingegangen wird.

[30] Kohout, S. 132; Stecher, S. 109.

[31] Die Mehrzahl der Autoren geht davon aus, dass der Patron als Dritter im Sinne von § 267 BGB auf die Schuld des Protégés leisten könne. Vgl. Esser/Weyers, § 40 V (S. 360); Kohout, S. 177 ff.; Merkel, in: Schimansky/Bunte/Lwowski (Hrsg.), Bankrechts-Handbuch, § 98, Rz. 21; Obermüller, ZIP 1982, 915, 918; Rimmelspacher, Rz. 115; Stecher, S. 112 ff.; v. Westphalen, Exportfinanzierung, S. 394.

[32] Teilweise wird die Drittleistungsbefugnis des Patrons auch auf „Treu und Glauben, sowie Sinn und Zweck der Patronatserklärung" (vgl. BuB-Wittig, Rz. 4/2887) oder auf eine konkludent vereinbarte facultas alternativa (vgl. MünchKomm-Habersack, vor § 765, Rz. 45; Staudinger-Horn, vor § 765, Rz. 414, Larenz/Canaris § 64 V, S. 82) gestützt. Weder unter dem Gesichtspunkt von Treu und Glauben, noch sonst ergibt sich aber, warum der Kreditgeber dem die Ausstattung des Protégés geschuldet sein soll, dich mit einer anderen Leistung soll zufrieden geben müssen. Dies gilt auch für die Annahme einer Einzahlung der noch offenen Darlehensvaluta auf ein Treuhandkonto an Erfüllungs statt (§ 364 Abs. 1 BGB), vgl. Schröder, ZGR 1982, 552, 556; ihm folgend: Esser/Weyers, § 40 V (S. 360).

[33] Dieser angenommene Zusammenhang zwischen Kreditschuld und Ausstattungsverpflichtung wird auch als „spezielle Akzessorietät" der Ausstattungsverpflichtung bezeichnet, soll aber nicht zu einer Einordnung als Bürgschaft führen, vgl. Kohout, S. 172.

[34] Rimmelspacher, Rz. 115; Küffner, DStR 1996, 146, 148.

weitere Ausstattung möglicherweise die Insolvenz fürchten. Der Kreditnehmer und mit ihm verbundene Institute und Kunden haben dagegen möglicherweise weitere unbesicherte Kredite an den Protégé herausgelegt[35]. Selbst wenn der Patron ohne Schwierigkeiten durch eine Direktzahlung an den Kreditgeber die Ausstattungsverpflichtung zum Erlöschen bringen könnte, würde dies nichts an der potenziellen Unbegrenztheit seiner Verbindlichkeit ändern. Das angenommene Recht auf Direktzahlung an den Kreditgeber soll sich nämlich nicht auf einzelne, fällige Darlehensraten, sondern nur auf die Zahlung aller noch offenen Darlehensvaluta zuzüglich Zinsen bis zum Laufzeitende beziehen[36]. Eine zuvor von dem Patron erbrachte Ausstattung würde den von ihm zu zahlenden Betrag nicht mindern. Auch wenn man die Möglichkeit einer Direktzahlung unterstellt, bleibt für den Patron daher das Risiko bestehen, zur Erfüllung seiner angenommenen Pflichten weit mehr als den Betrag der besicherten Darlehensverbindlichkeit aufwenden zu müssen. Hieraus ergeben sich Bedenken hinsichtlich er rechtlichen Zulässigkeit einer solchen Kreditsicherheit.

Die verbindliche Vereinbarung von Kreditsicherheiten, deren Haftungsbetrag nicht feststeht ist grundsätzlich möglich. Dies zeigt sich etwa an den so genannten Globalbürgschaften, bei denen der Bürge die Haftung für sämtliche gegenwärtigen und zukünftigen Verbindlichkeiten des Hauptschuldners gegenüber dem Kreditgeber übernimmt. Zwar hat der BGH solche Bürgschaften zunächst wegen eines Verstoßes gegen das allgemeine Bestimmtheitsgebot für nicht hinreichend bestimmt gehalten[37]. Inzwischen hält er solche Bürgschaften jedoch für hinreichend bestimmt, weil eine solche Bürgschaft klar und erkenntlich alle Verbindlichkeiten des Hauptschuldners gegenüber dem Kreditgeber umfasse[38]. Diese Argumentation wird zu Recht kritisiert, weil das Argument, eine Bürgschaft „für alle Verbindlichkeiten ohne sachliche Begrenzung" sei bestimmt, weil die Erstreckung einer Bürgschaft auf alle Verbindlichkeiten an Bestimmtheit nichts zu wünschen übrig lasse, einen „semantischen Holzweg"[39] darstellt. Zu sachgerechten Ergebnissen kommt die Rechtsprechung in solchen Fällen aber dennoch, wenn

---

35 Auf diese Möglichkeit weist Schröder (ZGR 1982, 552, 556) hin.
36 Kohout, S. 170 ff.; Stecher, S. 121.
37 BGH, Urt. v. 10.10.1957 – VII ZR 419/56, BGHZ 25, 318, 320 f.
38 BGH, Urt. v. 18.5.1995 – IX ZR 108/94, BGHZ 130, 19 = ZIP 1995, 1244; WM 1995, 1397; NJW 1995, 2553.
39 Horn, ZIP 1997, 525, 528.

sie die Rechtsverbindlichkeit solcher Bürgschaften anhand der Bestimmungen über die Einbeziehung allgemeiner Geschäftsbedingungen prüft[40].

Ob die so genannte Ausstattungsverpflichtung überhaupt anhand von § 307 BGB n.F. überprüfbar sein kann, ist jedoch umstritten[41]. Überprüfbar anhand von § 307 Abs. 1 BGB n.F. sind nur allgemeine Geschäftsbedingungen mit denen „von Rechtsvorschriften abweichende oder diese ergänzende Regelungen vereinbart werden" (§ 307 Abs. 3 BGB n.F.). Die als Kreditsicherheit sui generis verstandene Ausstattungsverpflichtung würde jedoch einen Innominatvertrag darstellen, der von keiner gesetzlichen Regelung abweichen könnte, weil eine solche Verpflichtung nirgends gesetzlich geregelt ist. Zwar kann auch ein Abweichen von allgemeinen Rechtsgrundsätzen zu einer Überprüfbarkeit führen[42]. Zumindest der „engste Kern"[43] der privatautonom festgelegten Hauptleistungspflichten soll in jedem Fall einer Überprüfung entzogen sein. Was im Einzelfall zu diesem „engsten Kern" zählt ist nicht einfach festzustellen. In Bezug auf die erwähnten Globalbürgschaften hat der BGH entschieden, dass die Ermöglichung einer potenziell unbegrenzten Haftung nicht zum Kern solcher Vereinbarungen gehöre. Vielmehr sah der BGH in der Erstreckung der Bürgschaft auf sämtliche gegenwärtigen und zukünftigen Verbindlichkeiten eine Abbedingung des § 767 Abs. 1 Satz 3 BGB und damit eine kontrollfähige Nebenabrede zu der Hauptschuld (einfache Bürgschaft)[44]. Obgleich die wörtlich verstandene Ausstattungsverpflichtung, wie gezeigt, zu einer noch stärkeren Fremddisposition führen würde, als dies bei einer Globalbürgschaft der Fall wäre, soll diese fremdbestimmte Verbindlichkeit des Patrons aber nicht kontrollfähig sein[45]. Inhalt dieser Verbindlichkeit sei allein die Ausstattung des Protégés „um jeden Preis". Eine Abbedingung des § 767 Abs. 1 Satz 3 BGB sei weder als Nebenabrede noch sonst Inhalt dieser Verpflichtung. Diese Bestimmung sei

---

40 Vgl. etwa BGH, Urt. v. 1.6.1994 – XI ZR 133/93, BGHZ 126, 174; Urt. v. 18.1.1996 – IX ZR 69/95, BGHZ 132, 6.
41 Für eine Anwendung des § 9 AGBG a.F.: LG München I, WM 1998, 1285, 1286. Hiergegen: v. Bernuth, ZIP 1999, 1501, 1505; Fleischer, WM 1999, 666, 668.
42 Wolf, in: Wolf/Horn/Lindacher, AGBG, § 8, Rz. 5 ff.
43 Ulmer/Brandner/Hensen, AGBG, § 8, Rz. 5 ff.; vgl. aus der Rechtsprechung BGH, Urt. v. 21.4.1993 – IV ZR 33/92, NJW-RR 1993, 1049, 1050.
44 BGH, Urt. v. 18.5.1995 – IX ZR 108/94, BGHZ 130, 19, 31 ff.
45 v. Bernuth, ZIP 1999, 1501, 1505; Fleischer, WM 1999, 666, 668; Schäfer, WM 1999, 153, 158.

mangels Vergleichbarkeit mit der Bürgschaft auf die Ausstattungsverpflichtung nicht anzuwenden[46].

Die Ansicht, dass die wörtlich verstandene Ausstattungsverpflichtung schon aus prinzipiellen Gründen nicht kontrollfähig sei ist schon deswegen abzulehnen, weil § 307 Abs. 3 Satz 1 in Verbindung mit § 307 Abs. 1 BGB n.F. nunmehr explizit vorsieht, dass auch Regelungen, welche den Leistungsinhalt selbst betreffen und nicht von gesetzlichen Vorschriften abweichen (können), dennoch einer Kontrolle unterliegen und unwirksam sein können, wenn sie unklar formuliert sind und den Vertragspartner unangemessen benachteiligen[47]. Davon abgesehen ist dieser Ansicht vorzuhalten, dass sie auf einem Zirkelschluss beruht. Die wörtlich verstandene Ausstattungsverpflichtung soll sowohl hinreichend bestimmt als auch nicht kontrollfähig sein, weil die Unbestimmtheit der Leistungspflichten des Patrons den Kern dieser Abrede bildet. Eine solche Sichtweise verstößt in jedem Fall gegen die Grundsätze des Rechts der Kreditsicherheiten. Grundsätzlich ist es erforderlich, dass jede Kreditsicherheit einen Mindestgehalt an Bestimmtheit aufweist. Auch ohne dass man das in § 767 Abs. 1 Satz 3 enthaltene Verbot der Fremddisposition in den Rang eines allgemeinen Rechtsgrundsatzes erhebt[48] kann man sich auf den Standpunkt stellen, dass sich der allgemeine Bestimmtheitsgrundsatz im Recht der Kreditsicherheiten dahingehend auswirkt, dass der Sicherheitsgeber zumindest erkennen können muss, aus welchen Verbindlichkeiten des Hauptschuldners sich eine Erweiterung seiner Einstandspflicht über den Kreditbetrag hinaus ergeben kann[49]. Dies wäre bei einer Globalbürgschaft, nicht aber bei einer wörtlich verstandenen Ausstattungsverpflichtung der Fall. Der Globalbürge kann absehen, dass sich eine Erweiterung seiner Verbindlichkeit aus Geschäften zwischen dem Hauptschuldner und dem Kreditgeber ergeben kann. Für den Umfang der Verbindlichkeit des Patrons soll dagegen allein der Liquiditätsstatus des Protégés entscheidend sein. Wie sich dieser verändert hängt von den Geschäften des Protégés mit beliebigen Dritten ab. Der Umfang der Verbindlichkeit des Patrons ist deswegen in noch höherem Maße fremdbestimmt, als es bei einer Globalbürgschaft der Fall wäre. Eine solche Kreditsicherheit, deren Haftungsfolgen für den Sicherungsgeber grundsätzlich unberechenbar seien müssen als hinreichend bestimmt zu bezeichnen, würde be-

---

[46] Schäfer, WM 1999, 153, 158.
[47] Palandt-Heinrichs, § 307, Rz. 55 und 20.
[48] Dies erwägt Horn (ZIP 1997, 525, 528).
[49] So im Ergebnis auch Horn (ZIP 1997, 525, 528).

deuten für die so genannte Ausstattungsverpflichtung einen völlig eigenen Bestimmtheitsmaßstab zu postulieren, der zu geringeren Anforderungen als bei jeder anderen Kreditsicherheit führen würde. Auch wenn man die Rolle des allgemeinen Bestimmtheitserfordernisses im Recht der Kreditsicherheiten betrachtet, spricht daher viel dafür, eine wörtlich verstandene Ausstattungsverpflichtung für nicht hinreichend bestimmt zu erachten.

c) *Möglichkeit eines Verstoßes gegen gesetzliche Bestimmungen*

Wollte man die wörtlich verstandene Ausstattungsverpflichtung trotz der soeben erläuterten Bedenken als grundsätzlich rechtswirksam behandeln, so müsste man sich auch den weiteren Folgen der inhaltlichen Unbestimmtheit dieser angenommenen Verbindlichkeit stellen. Hierbei steht an erster Stelle die bereits angesprochene Möglichkeit eines Verstoßes gegen die §§ 305 ff. BGB n.F.[50]. Banken sind geneigt, wenn nur eine Patronatserklärung als Kreditsicherheit erlangt werden kann, ihre eigenen „Hauserklärungen" zu verwenden[51]. Hierbei handelt es sich um für eine Vielzahl von Verträgen vorformulierte Vertragsbedingungen. Obgleich die Erklärung regelmäßig von dem Patron in Briefform an den Kreditgeber übersandt wird[52], kommt eine Anwendung der §§ 305 ff. BGB n.F. zu Gunsten des Patrons in Betracht. Das Merkmal des Stellens in § 305 Abs. 1 Satz 1 BGB ist bereits dann erfüllt, wenn eine Partei die Einbeziehung einer vorformulierten Erklärung in den Vertrag verlangt[53]. Soweit der Kreditgeber dies in

---

50 Zur Aufnahme der Bestimmungen über die Einbeziehung von allgemeinen Geschäftsbedingungen in das BGB vgl. v. Westphalen, NJW 2002, 12.
51 v. Bernuth, ZIP 1999, 1501, 1504; LG München I, WM 1998, 1285, 1286; vgl. auch die Formulierungsvorschläge bei BuB-Wittig, Rz. 4/2905 ff.
52 Swinne, S. 121.
53 Palandt-Heinrichs, § 305, Rz. 9. Allerdings kann auch bei unveränderter Übernahme einer vorformulierten Erklärung das Vorliegen von allgemeinen Geschäftsbedingungen zu verneinen sein. Dies ist der Fall, wenn die vorformulierte Erklärung ernstlich zur Disposition gestellt worden ist und sich die Parteien im Ergebnis dennoch als Kompromiss auf diese Erklärung geeinigt haben. Deswegen wird vertreten, dass die Bestimmungen über die Einbeziehung allgemeiner Geschäftsbedingungen auf Patronatserklärungen regelmäßig (vgl. Michalski, WM 1994, 1229, 1233; Kohout, S. 43 f.) oder sogar grundsätzlich (vgl. Köhler, WM 1978, 1338, 1342) nicht anwendbar seien. Ob dies zutrifft ist eine Frage des Einzelfalles. Richtig ist, dass der Vereinbarung von Patronatserklärungen regelmäßig harte Vorverhandlungen vorhergehen werden, vgl. Kohout, S. 43. Die Vereinbarung einer Ver-

Bezug auf seine „Hauserklärung" tut, ist er und nicht der Patron als Verwender im Sinne des Gesetzes anzusehen[54]. Es wurde bereits erwähnt, dass eine wörtlich verstandene Ausstattungsverpflichtung zu einer übermäßigen Risikobelastung des Patrons führen würde. Es mag dahinstehen, ob die Vereinbarung einer Pflicht zur Ausstattung des Protégés „um jeden Preis" für die beteiligten „professionellen Vertragsschließenden"[55] überraschend im Sinne des § 305c Abs. 1 BGB n.F. ist. Es kommt jedenfalls ein Verstoß gegen § 307 Abs. 1, beziehungsweise § 307 Abs. 3 Satz 2 in Verbindung mit § 307 Abs. 1 BGB n.F., oder, wenn man diese Vorschriften trotz des eben Gesagten für nicht anwendbar hielte, gegen § 138 Abs. 1 BGB in Betracht. Die Anforderung an den Patron, den Protégé „um jeden Preis" liquide zu halten, führt zu einer so starken und für die Kreditbesicherung unnötigen Risikobelastung des Patrons, dass sogar ein Verstoß gegen die guten Sitten im Sinne von § 138 Abs. 1 BGB vorliegen würde[56].

2. Mangelnde Eignung der wörtlich verstandenen Ausstattungsverpflichtung zur Kreditbesicherung

Selbst wenn man alle eben aufgeführten Bedenken beiseite lässt und annimmt, dass eine Verpflichtung zur Ausstattung des Protégés wirksam vereinbart werden kann, erschließt sich nicht, warum „professionelle Vertragsschließende"[57] eine solche Kreditsicherheit sui generis vereinbaren sollten.

a) *Mangelnde Klagbarkeit einer Verpflichtung zur Ausstattung des Protégés*

Die These, dass die Vereinbarung einer Verpflichtung zur Ausstattung des Protégés besondere Vorteile verspreche, gewinnt eine gewisse Plausibilität durch den Konzernhintergrund, vor dem sich die Verwendung von Ausstattungsverpflichtungen abspielt. Nach dem eben gesagten, ist es aber nicht der Patron, der Vorteile dadurch erzielen könnte, dass er sich zu einer Ausstattung des Protégés verpflichtet[58]. Eine solche Ausstattung kann er als herrschende Konzernobergesellschaft ohnehin jederzeit vornehmen. Vielmehr ist

---
  pflichtung zur Ausstattung des Protégés „um jeden Preis" spricht aber eher dagegen, dass der Kreditgeber hier den Erklärungsinhalt zur Disposition gestellt hat.
54 v. Bernuth, ZIP 1999, 1501, 1504.
55 Esser/Weyers, § 40 V (S. 360).
56 Hierfür spricht sich das LG München I (WM 1998, 1285, 1287) aus.
57 Esser/Weyers, § 40 V (S. 360).
58 So aber: Larenz/Canaris, Schuldrecht II 2, V § 64 (S. 82).

es der Kreditgeber, der wegen der beschriebenen Risiken von Kapitalverschiebungen im Konzern daran interessiert sein könnte, über eine wörtlich verstandene Ausstattungsverpflichtung ein Festhalten der Darlehensvaluta in der Kredit nehmenden Konzernuntereinheit zu erreichen. Es bestehen aber große Zweifel daran, ob dies in der Praxis erreicht werden kann. Zum einen wurde bereits darauf hingewiesen, dass der Kreditgeber mangels Einblick in die Betriebsinterna des Protégés nicht überprüfen kann, ob tatsächlich eine Ausstattung des Protégés erfolgt. Zum anderen muss aber auch infrage stehen, ob der Kreditgeber die Ausstattung des Protégés überhaupt erzwingen könnte.

Eine erfolgreiche Klage des Kreditgebers gegen den Patron auf Ausstattung des Protégés würde einen bestimmten Klagantrag nach den Vorschriften der ZPO voraussetzen. Insbesondere müsste die Klagschrift des Kreditgebers Gegenstand und Grund des Anspruchs bezeichnen und einen hinreichend bestimmten Antrag enthalten (§ 253 Abs. 2 Nr. 2 ZPO). Fraglich ist, ob eine auf die Ausstattungsverpflichtung gestützte Klage mit dem Antrag, den Patron zur „Ausstattung" oder „hinreichenden Ausstattung" des Protégés zu verurteilen, diesen Anforderungen gerecht werden kann. Mit der bestimmten Angabe von Grund und Gegenstand des Anspruchs, sowie mit dem bestimmten Klageantrag bestimmt der Kläger den Streitgegenstand des Verfahrens. Diese Bestimmung des Streitgegenstandes ist prozessual von höchster Bedeutung. Der Streitgegenstand legt nicht nur allgemein das „Programm"[59] des Rechtsstreits fest. Vielmehr ist der Streitgegenstand auch bedeutsam für die Höhe des Streitwertes und damit für die Entscheidungen über Kosten und Zuständigkeit. Mit der Festlegung des Streitwertes wird auch entschieden, inwieweit die Folgen der Rechtshängigkeit (§ 261 ZPO) eintreten. Darüber hinaus hängt von dem Streitgegenstand auch ab, inwieweit zu einem späteren Verfahrenszeitpunkt eine Klageänderung notwendig werden, bzw. möglich sein kann. Vor allem aber bestimmt der Streitgegenstand den Umfang der Rechtskraftwirkung des Urteils[60]. Insofern legt der Streitgegenstand also maßgeblich fest, welches Risiko Kläger und Beklagter mit dem Verfahren eingehen. Für den Kläger stellt sich das Risiko, mit seinem Anspruch rechtskräftig abgewiesen zu werden und diesen deshalb nicht nochmals einklagen zu können. Für den Beklagten stellt sich demgegenüber das spiegelbildliche Risiko, rechtskräftig verurteilt und möglicherweise einer entspre-

---

[59] Stein/Jonas-Schumann, § 253, Rz. 44.
[60] Stein/Jonas-Schumann, § 253, Rz. 44.

chenden Zwangsvollstreckung ausgesetzt zu werden. Aus diesen Gründen ist die hinreichende Bestimmtheit des Klageantrags Voraussetzung für die Schaffung von Rechtsfrieden durch den Zivilprozess.

Nach den Bestimmungen der ZPO soll die hinreichende Bestimmung des Streitgegenstandes in erster Linie dadurch erreicht werden, dass dem Kläger auferlegt wird mit dem Klageantrag den Streitgegenstand genau zu bestimmen. Kommt der Kläger diesen Anforderungen nicht nach, so ist seine Klage durch Prozessurteil abzuweisen. Welchen Anforderungen der Kläger bei Einleitung des Verfahrens zu genügen hat, lässt sich nicht allgemein für alle Verfahren feststellen. Bei Leistungsklagen auf Vornahme einer Handlung – und um solche würde es sich bei der Klage auf „Ausstattung" des Protégés handeln – muss der Antrag die begehrte Leistung nach Art und Umfang so genau bezeichnen, dass keine Ungewissheit besteht[61]. Dies würde bei einem Antrag auf „Ausstattung" aber nicht zutreffen. Vielmehr würde ein solcher Antrag gerade die der Ausstattung innewohnende Ungewissheit auf beiden Seiten deutlich machen. Hier liefe das Begehren des Klägers auf die Herstellung eines Zustandes (Liquidität) bei einem Prozessfremden hinaus, wobei nicht vorausgesetzt werden kann, dass Kläger oder Beklagter die Betriebsinterna dieses Prozessfremden kennen. Infolgedessen muss auf beiden Seiten Unklarheit darüber herrschen, welche Handlungen der Patron würde vornehmen müssen, um den Protégé mit ausreichender Liquidität auszustatten. Zu Recht wird daher überwiegend vertreten, dass eine Klage mit dem nicht weiter substantiierten Antrag den Protégé auszustatten unzulässig sei[62]. Andererseits kann der Kreditgeber den Klagantrag auch nicht weiter substantiieren, indem er alle dem Patron im Rahmen seiner Wahlschuld sui generis offen stehenden Alternativen der Ausstattung des Protégés aufzählt. Von einer Klage auf Ausstattung wird dem Kreditgeber daher abgeraten[63].

---

[61] Stein/Jonas-Schumann, § 253, Rz. 44.
[62] Vgl. etwa Lwowski, Kreditsicherheiten, Rz. 464 (S. 413); Köhler, WM 1978, 1338, 1345; Pesch, WM 1998, 1609, 1611; BuB-Wittig, Rz. 4/2878. Für eine Klagbarkeit allerdings Michalski, WM 1994, 1229, 1240; Schröder, ZGR 1982, 553, 556; Schäfer, WM 1999, 153, 157; Küffner, DStR 1996, 146, 149. Eine Sonderstellung nimmt hier Rimmelspacher (Rz. 116) ein, der meint, die Klage auf Ausstattung des Protégés sei die einzige Möglichkeit des Kreditgebers, den Sicherheitswert der Ausstattungsverpflichtung zu realisieren.
[63] Ausdrücklich: Merkel, in: Schimansky/Bunte/Lwowski, Bankrechts-Handbuch, § 98, Rz. 21.

Nun ist allerdings eingewandt worden, dass es auch Leistungsklagen auf Vornahme einer Handlung gebe, bei denen ein hinreichend bestimmter Klageantrag bereits dann vorliege, wenn der Kläger lediglich substantiiert das Ziel darlegt, welches der Beklagte durch eine in seinem Ermessen stehende Handlung zu erreichen hat. Dies sei etwa bei Beseitigungsansprüchen nach § 1004 BGB, die man mit der Ausstattungsverpflichtung vergleichen könne, der Fall[64]. Diese Parallele geht jedoch schon deswegen fehl, weil sich solche Ansprüche nicht mit einer Verpflichtung zur Ausstattung vergleichen lassen. Die auf § 1004 beruhenden Ansprüche – seien es solche auf Unterlassung einer Beeinträchtigung oder auf Beseitigung einer Störung – setzen eine aus dem Einflussbereich des Störers hervorgehende Störung voraus. Anders liegen die Dinge aber im Falle einer Verpflichtung zur Ausstattung. Hier muss die „Störung" (wenn man bei dieser Parallele bleiben will) der Liquidität des Protégés keineswegs auf Umständen beruhen, die dem Einflussbereich des Patrons zuzurechnen sind[65]. Vielmehr kann sich die Liquidität des Protégés auch aufgrund der allgemeinen wirtschaftlichen Situation oder wegen des Verhaltens dritter Geschäftspartner verschlechtern. Eine solche Entwicklung ist nicht mit einer, den quasi-negatorischen Anspruch des § 1004 auslösenden Eigentumsstörung vergleichbar. Weiter ist zu beachten, dass auch bei den hier zum Vergleich herangezogenen Ansprüchen nach § 1004 BGB teilweise sehr hohe Anforderungen an die Bestimmung des zu erreichenden Zieles im Klageantrag gestellt werden[66], denen die bloße Zielangabe „Ausstattung" (beziehungsweise „hinreichende" oder „liquiditätssichernde" Ausstattung) nicht genügen würde. Davon abgesehen geht es auch bei der Geltendmachung quasi-negatorischer Abwehransprüche nicht zuletzt darum, ob der Beklagte sein Risiko erkennen kann und ob – im Falle eines stattgebenden Urteiles – der abgeurteilte Anspruch ausreichend klar ist, um eine Zwangsvollstreckung zu ermöglichen. Ein Klageantrag auf „Ausstattung" kann diesen Voraussetzungen nicht genügen. Weder kann der Beklagte aus einem solchen Antrag entnehmen welchem Risiko er mit der Klage ausgesetzt ist,

---

[64] Schäfer, WM 1999, 153, 156.

[65] Vgl. den bereits erwähnten Fall des LG Berlin, (Urt. v. 18.2.2000 – 94 O 93/99, WM 2000, 1060). Hier waren die Betriebsmittel des Protégés durch einen Brandanschlag zerstört worden.

[66] Vgl. BGH, Urt. v. 24.2.1978 – V ZR 95/75, NJW 1978, 1584, wo ein Antrag, „die Böschung an der Grundstücksgrenze des Klägers so zu befestigen, dass das Grundstück des Klägers in der Weise belastet werden kann, wie es vor Abgraben der Böschung durch den Beklagten der Fall war" für nicht hinreichend bestimmt erachtet wurde.

noch wäre eine Zwangsvollstreckung aus einem abgeurteilten Anspruch auf „Ausstattung" möglich. Letzteres gilt, weil bei der hier infrage kommenden Vollstreckungsmaßnahme der Ersatzvornahme (§ 887 ZPO) bestimmt werden müsste, zur Vornahme welcher Handlung der Vollstreckungsgläubiger ermächtigt wird. Welche Maßnahmen aber notwendig sind, um eine „Ausstattung" des Protégés zu erreichen, entzieht sich sowohl der Kenntnis des nach § 887 Abs. 1 ZPO zuständigen Prozessgerichtes, wie auch des klagenden Kreditgebers und Vollstreckungsgläubigers. Ein Anspruch auf Ausstattung müsste folglich auch prozessual nach den allgemeinen Regeln beurteilt werden. Im Hinblick auf § 253 Abs. 2 Nr. 2 ZPO wäre ein solcher Klageantrag nicht hinreichend bestimmt.

Um den Schwierigkeiten bei der Formulierung eines hinreichend bestimmten Klageantrages aus dem Wege zu gehen wird empfohlen, der Kreditgeber solle auf Ausstattung des Protégés in Höhe des noch ausstehenden Darlehensbetrages klagen[67]. Hierbei sollen die eben erläuterten Probleme umgangen werden, indem der angenommene Anspruch auf Ausstattung des Protégés teilweise eingeklagt wird. Auch dieser „Kunstgriff"[68] stellt aber keine praktikable Vorgehensweise für den Kreditgeber dar. Richtig ist, dass bei einer solchen Teilklage das Risiko für den Beklagten erkennbar ist. Er kann bei einem solchen Antrag allenfalls zur Ausstattung in Höhe des angegebenen Betrages verurteilt werden. Auch macht die Bezifferung des eingeklagten Teilanspruches die Zwangsvollstreckung im Wege der Ersatzvornahme möglich. Der Kreditgeber könnte gemäß § 887 ZPO ermächtigt werden den Protégé „auszustatten", indem er ihm den noch ausstehenden Darlehensbetrag erlässt. Für die hierbei entstehenden Kosten, die mit dem erlassenen Restdarlehensbetrag identisch sind, könnte er dann nach § 887 Abs. 1 ZPO von dem Patron Ersatz verlangen[69]. Ein solcher Antrag wäre also hinreichend bestimmt im Sinne von § 253 Abs. 2 Nr. 2 ZPO. Der Kreditgeber könnte über den Umweg der Ersatzvornahme den angenommenen Anspruch auf Ausstattung des Protégés in einen direkten Zahlungsanspruch gegen den Patron umwandeln. Diese Lösung begegnet jedoch praktischen Bedenken. Zunächst setzt der Weg über die Zwangsvollstreckung im Wege der Ersatzvornahme voraus, dass der Kreditgeber im Prozess beweisen kann, dass tatsächlich eine Verpflichtung des Patrons zur

---

67 Rimmelspacher, Rz. 116; ihm folgend: Michalski, WM 1994, 1229, 1240.
68 Schäfer, WM 1999, 153, 156.
69 Schröder, ZGR 1982, 556, 560.

Ausstattung des Protégés mindestens in Höhe des noch ausstehenden Darlehensbetrages besteht. Da eine solche Verpflichtung, wenn sie denn tatsächlich rechtsverbindlich vereinbart worden wäre, von der Liquiditätssituation des Protégés abhängen würde, müsste der Kreditgeber im Prozess Angaben zur Liquiditätssituation des Protégés machen. Dies dürfte ihm ohne Kenntnis der Betriebsinterna des Protégés aber schwer fallen. Selbst wenn es dem Kreditgeber in dieser Lage gelingen sollte ein obsiegendes Urteil zu erlangen, bliebe es dem Patron unbenommen, vor Beginn der Zwangsvollstreckung dem Protégé den ausgeurteilten Betrag zuzuwenden. Eine Ersatzvornahme des Kreditgebers käme dann nicht mehr in Betracht und er hätte das Ziel verfehlt, einen direkten Zahlungsanspruch gegen den Patron zu erreichen. Ein etwa doch zur Zwangsvollstreckung verwendeter Titel des Kreditgebers wäre verbraucht. Selbst wenn man eine Teilklage des Kreditgebers in der beschriebenen Form für grundsätzlich möglich hält, ist es dem Kreditgeber daher nicht zu empfehlen, eine Klage auf Ausstattung des Protégés zu erheben[70].

Es wird auch versucht die prozessuale Durchsetzbarkeit des angenommenen Primäranspruches auf Ausstattung des Protégés mit der dienenden Funktion des Prozessrechts zu begründen[71]. Das Prozessrecht diene nicht dazu „der Verwirklichung des materiellen Rechts Hindernisse in den Weg zu legen"[72]. Diese grundsätzlich richtige Feststellung führt in Bezug auf die so genannte Ausstattungsverpflichtung aber nicht weiter. Die Folgerung, der angenommene Anspruch auf Ausstattung des Protégés müsse prozessual durchsetzbar sein, weil sein Inhalt eine prozessuale Durchsetzbarkeit erfordere, kommt einem Zirkelschluss gleich. Das geltende Recht kennt mehrere so genannte unvollkommene Verbindlichkeiten, die nicht Gegenstand einer Leistungsklage sein können. Hierzu zählen die Ansprüche aus den §§ 762 und 656 BGB. Auch ist anerkannt, dass die Parteien eines Vertragsverhältnisses die Klagbarkeit der zwischen ihnen begründeten Verbindlichkeit ausschließen können (pactum de non petendo)[73]. Schließlich soll es im Rahmen der Vertragsfreiheit sogar möglich sein, eine Verbindlichkeit von vorne herein als Naturalobligation zu begründen[74]. Vor diesem Hintergrund stellt sich die Frage

---

[70] Merkel, in: Schimansky/Bunte/Lwowski (Hrsg.), Bankrechts-Handbuch, § 98, Rz. 21.
[71] Michalski, WM 1994, 1229, 1240.
[72] Michalski, WM 1994, 1229, 1240.
[73] Palandt-Heinrichs, § 205, Rz. 2.
[74] OLG Hamburg, HansGerZ 1925, 165, 166.

nach der Klagbarkeit einer Verpflichtung zur Ausstattung des Protégés eher als eine Frage des materiellen und nicht des Prozessrechts. Wenn „professionelle Vertragsschließende"[75] an der Vereinbarung einer Ausstattungsverpflichtung beteiligt sind, dürften ihnen die erläuterten Schwierigkeiten der prozessualen Durchsetzung durchaus bewusst sein. Es liegt deswegen weniger nahe danach zu fragen, ob das Prozessrecht die Durchsetzung der angenommenen Verpflichtung des Patrons vereitelt. Vielmehr sollte überdacht werden, ob die Verpflichtung zur Ausstattung des Protégés – wenn eine solche tatsächlich wirksam vereinbart worden sein sollte – von den Parteien als klagbare Verbindlichkeit gewollt war.

b) Zweifel an der angenommenen Dualität von Ausstattungs- und Schadenersatzansprüchen

Die Tatsache, dass ein Anspruch auf Ausstattung des Protégés nicht im Wege der Klage durchgesetzt werden könnte wird „achselzuckend hingenommen"[76]. Es wird von keinem einzigen Fall berichtet, wo ein Kreditgeber versucht hätte, den Patron auf Ausstattung des Protégés in Anspruch zu nehmen. Obwohl daran festgehalten wird, dass die so genannte Ausstattungsverpflichtung einen Anspruch auf Ausstattung des Protégés zur Folge habe, ist anerkannt, dass es den beteiligten Parteien vor allem darauf ankommt, dass der Patron für die Kreditrückführung einsteht[77]. Man kann die praktische Bedeutungslosigkeit des aus der Ausstattungsverpflichtung herausgelesenen Anspruchs auf „Ausstattung" des Protégés als Indiz dafür sehen, dass eine solche Verpflichtung von den Parteien gar nicht gewollt war. In der Praxis kommt es jedenfalls zu einer Konzentration auf mögliche Schadenersatzansprüche des Kreditgebers gegen den Patron. Hierbei soll es um den Schaden gehen, den der Kreditgeber erleidet, wenn der Protégé seinen Pflichten aus dem Darlehensverhältnis nicht nachkommt. Ein Schadenersatzanspruch des Kreditgebers wurde bisher meist aus § 280 Abs. 1 BGB a.F. hergeleitet. Dieser Weg wird in der Rechtsprechung vertreten[78] und in

---

[75] Esser/Weyers, § 40 V (S. 360).
[76] Schäfer, WM 1999, 153, 154.
[77] Lwowski, Kreditsicherung, Rz. 411 (S. 464). Anders allein Rimmelspacher (Rz. 116 f.), der meint, der Kreditgeber müsse auf Ausstattung des Protégés klagen, weil Schadenersatzansprüche nicht in Betracht kommen können.
[78] Ausdrücklich für diesen Weg allerdings nur das OLG Düsseldorf (Urt. v. 26.1.1989 – 6 U 23/88, WM 1989, 1642, 1646) und das LG Berlin (Urt. v. 18.2.2000 – 94 O 93/99, WM 2000, 1060, 1061 = IPrax 2000, 526). Die in diesem Zusammenhang oftmals er-

der Literatur von der Mehrheit der Autoren bevorzugt[79]. Dagegen nimmt eine im Vordringen befindliche Auffassung[80] an, dass sich ein auf Schadenersatz gerichteter Sekundäranspruch des Kreditgebers im Wege der ergänzenden Vertragsauslegung ergebe. Nach dieser Auffassung ergibt eine Auslegung der Ausstattungsverpflichtung nach § 157 BGB, dass sich die Pflicht des Patrons zur Ausstattung bei Insolvenz des Protégés in eine Pflicht zur Leistung von Schadensersatz gegenüber dem Kreditgeber wandele. Schließlich wird auch vertreten, dass mit der Ausstattungsverpflichtung von vorneherein neben der Pflicht zur Ausstattung eine „Haftungsübernahme" für den Fall der Insolvenz des Protégés vereinbart sei[81].

Die beiden zuletzt genannte Ansätze können deswegen nicht überzeugen, weil sie an der Annahme festhalten, dass einerseits eine primäre Leistungspflicht des Patrons zur Ausstattung des Protégés bestehe und andererseits aus der Erklärung einen zweiten Primäranspruch auf Schadloshaltung des Kreditgebers herleiten. Es erscheint inkonsequent, einerseits an der wörtlichen Auslegung der Ausstattungsverpflichtung mit ihren problematischen Folgen festzuhalten und andererseits aus der Erklärung einen zweiten Primäranspruch herzuleiten, für dessen Bestehen der Wortlaut der Erklärung keinen Anhaltspunkt gibt. Zumindest dann, wenn an der Vereinbarung der Ausstattungsverpflichtung „professionelle Vertragsschließende"[82] beteiligt sind dürfte es auch schon an den Voraussetzungen für eine ergänzende Vertragsauslegung fehlen. In einem solchen Fall müsste man eher von einem Verzicht auf die vertragliche Regelung der Rechtsfolgen der Nichterfüllung

---

wähnte Entscheidung des BGH (Urt. v. 30.1.1992 – IX ZR 112/91, BGHZ 117, 133 = NJW 1992, 2093) erging unter Anwendung österreichischen Rechts. In einer neueren Entscheidung des BGH (Urt. v. 8.5.2003 – IX ZR 334/01, BB 2003, 1300, 1302) wird die Frage offen gelassen. Ohne Angabe einer genauen Rechtsgrundlage: OLG Stuttgart, Urt. v. 21.1.1985 – 7 U 202/84, WM 1985, 455: „Aufgrund ihrer Patronatserklärung haftet die Gemeinschuldnerin neben ihrer Tochtergesellschaft für deren Schulden bei der Klägerin auf den Gesamtbetrag".

[79] Staudinger-Horn, vor § 765, Rz. 414; Schneider, ZIP 1989, 619, 622; Pesch, WM 1998, 1609, 1611; Obermüller, ZGR 1975, 1, 28; BuB-Wittig, Rz. 4/2879 ff.; Merkel, in: Schimansky/Bunte/Lwowski (Hrsg.), Bankrechts-Handbuch, § 98, Rz. 21; Stecher, S. 162; Mosch, S. 138 f.
[80] OLG Nürnberg, Urt. v. 9.12.1998 – 12 U 2626/98, IPrax 1999, 464, 466; Larenz/Canaris, Schuldrecht II 2, § 64 V; MünchKomm-Habersack, vor § 765, Rz. 47.
[81] Michalski, WM 1994, 1229, 1240.
[82] Esser/Weyers, § 40 V (S. 360).

durch den Patron ausgehen[83]. Bei Vorliegen einer „bewussten Lücke" kommt eine ergänzende Vertragsauslegung aber nicht in Betracht[84].

Zwar geht auch die zuerst genannte Ansicht von dem Bestehen einer Primärpflicht des Patrons zur Ausstattung des Protégés aus. Dieser Ansatz ist aber zumindest in sich konsequent. Will man die Ausstattungsverpflichtung trotz aller Bedenken wörtlich auslegen, so muss man eingestehen, dass die Erklärung keine Regelung einer Schadenersatzverpflichtung des Patrons enthält. Bei einer wörtlich verstandenen Ausstattungsverpflichtung könnte sich ein Schadenersatzanspruch des Kreditgebers daher nur als Sekundäranspruch nach § 280 Abs. 1 BGB a.F./n.F. ergeben. Dies allerdings auch nur dann, wenn man geneigt wäre, die auf der inhaltlichen Unbestimmtheit der angenommenen Primärpflicht beruhenden Bedenken beiseite zu lassen.

Erklärungsbedürftig erschiene dann aber, warum es sich bei dem prinzipiell denkbaren Schadenersatzanspruch nach § 280 Abs. 1 BGB um einen Anspruch des Kreditgebers handeln soll. Schließlich soll die wörtlich verstandene Ausstattungsverpflichtung einen unechten Vertrag zu Gunsten Dritter sui generis darstellen, bei dem das Valutaverhältnis zwischen Patron und Protégé besteht[85]. Damit ist aber fraglich, warum der von dem Patron zu ersetzende Schaden in der Person des Kreditgebers eintreten soll, obwohl der Kreditgeber keinen primären Anspruch auf eine Leistung an sich selbst hat. Wenn die Leistung an einen Dritten erfolgen soll, kann auch der von § 280 BGB umfasste Schaden grundsätzlich nur in dessen Person auftreten und zwar dadurch, dass ihn der Begünstigungsreflex nicht erreicht. Insofern kann der Weg über § 280 BGB allenfalls die Umwandlung des angenommenen Primäranspruches auf Ausstattung in einen Sekundäranspruch auf Schadenersatz erklären. Ein Grund für die Änderung des Anspruches in Bezug auf den Leistungsempfänger ergibt sich bei Anwendung des § 280 BGB nicht.

c) *Probleme eines Sekundäranspruches aus den §§ 280 Abs. 1 Satz 1, 3, 283 Satz 1 BGB n.F.*

Selbst wenn man auch diese Bedenken nicht berücksichtigt und annimmt, dass bei wörtlicher Auslegung der Ausstattungsverpflichtung ein Schaden-

---

83 So auch Michalski, WM 1994, 1229, 1239.
84 Palandt-Heinrichs, § 157, Rz. 3; BGH, Urt. v. 24.4.1985 – IVb ZR 17/84, NJW 1985, 1835.
85 Michalski, WM 1994, 1229, 1238.

ersatzanspruch in der Person des Kreditgebers entstehen kann, könnte die Ausstattungsverpflichtung nicht als zur Kreditbesicherung geeignet bezeichnet werden.

Nach In-Kraft-Treten der Schuldrechtsreform haben sich die Voraussetzungen geändert, unter denen der Gläubiger Schadenersatz nach § 280 Abs. 1 BGB verlangen kann. Während § 280 Abs. 1 BGB a.F. allein die Schadenersatzpflicht des Schuldners bei zu vertretender Unmöglichkeit regelte, findet sich in der Neufassung dieser Vorschrift eine umfassendere Regelung der Haftung des Schuldners. Die grundlegende Voraussetzung für einen Schadenersatzanspruch des Gläubigers ist nunmehr die Verletzung einer Pflicht aus dem Schuldverhältnis durch den Schuldner[86]. Wenn der Schuldner die Pflichtverletzung zu vertreten hat, kann der Gläubiger Schadenersatz neben der Leistung (§ 280 Abs. 1) BGB n.F. fordern, sowie gemäß § 280 Abs. 2 und 3 BGB n.F. unter den zusätzlichen Voraussetzungen der §§ 286 beziehungsweise 281-283 BGB n.F. Schadenersatz wegen Verzögerung der Leistung und Schadensersatz anstatt der Leistung verlangen.

Fällt der Protégé in Insolvenz, bevor er den durch die Ausstattungsverpflichtung besicherten Kredit zurückgeführt hat, so kommt ein Anspruch des Kreditgebers gegen den Patron auf Schadenersatz statt der Leistung gemäß den §§ 280 Abs. 1 und 3, 283 BGB n.F. in Betracht. Voraussetzung wäre zunächst, dass die Leistungspflicht des Schuldners (Patron) nach § 275 Abs. 1-3 BGB n.F. ausgeschlossen ist. Dies wäre der Fall, wenn dem Patron die Ausstattung des Protégés objektiv unmöglich geworden wäre (§ 275 Abs. 1 BGB n.F.) oder dem Patron ein Leistungsverweigerungsrecht nach § 275 Abs. 2 oder 3 BGB n.F. zustünde. Hinsichtlich der Anwendung von § 280 BGB a.F. wurde vertreten, dass spätestens[87] bei Eröffnung eines Insolvenzverfahrens über das Vermögen des Protégés dem Patron die Erfüllung der Verpflichtung zur Ausstattung unmöglich werde[88]. Hiergegen wurde eingewandt, von Unmöglichkeit könne erst dann gesprochen werden, wenn die Rechtspersönlichkeit des Protégés erloschen sei[89]. Dieser Kritik ist auch unter dem nunmehr geltenden Recht zuzustimmen. Auch nach der

---

[86] Zimmer, NJW 2002, 1, 6.
[87] BuB-Wittig, Rz. 4/2879.
[88] Staudinger-Horn, vor § 765, Rz. 414; Schneider, ZIP 1989, 619, 622; Pesch, WM 1998, 1609, 1611; Obermüller, ZGR 1975, 1, 28; BuB-Wittig, Rz. 4/2879 ff.; Merkel, in: Schimansky/Bunte/Lwowski (Hrsg.), Bankrechts-Handbuch, § 98, Rz. 21; Stecher, S. 162; Mosch, S. 138 f.
[89] Köhler, WM 1978, 1338, 1345 f.; Schröder, ZGR 1982, 552, 561.

Neufassung des § 275 BGB kann keine Unmöglichkeit im rechtlichen Sinne vorliegen, so lange der Schuldner imstande ist, die Leistung zu erbringen. Der Patron kann den Protégé aber auch dann mit Liquidität versorgen, wenn dieser insolvent ist. Gerade wenn man eine Verpflichtung des Patron zur Ausstattung des Protégés „um jeden Preis" annähme, könnte man sagen, dass die Illiquidität des insolventen Protégés die primäre Leistungspflicht des Patrons nicht unmöglich macht, sondern in nicht zu übersehender Weise aktualisiert[90]. Ein Schadenersatzanspruch des Kreditgebers wegen Unmöglichkeit der Leistungserbringung durch den Patron könnte also frühestens dann in Betracht kommen, wenn der Protégé abgewickelt und seine Rechtspersönlichkeit erloschen ist. Dies kann wegen der möglicherweise unabsehbar langen Dauer eines Insolvenzverfahrens über das Vermögen des Protégés nicht im Interesse des Kreditgebers liegen.

Während der Dauer des Insolvenzverfahrens über das Vermögen des Protégés – also vor Unmöglichwerden der Ausstattung – könnte allenfalls ein Schadenersatzanspruch des Patrons nach § 281 BGB n.F. in Betracht kommen[91]. Soweit man jedoch daran festhält, dass die primäre Pflicht des Patrons in der Ausstattung des Protégés liegt, und dass diese Verpflichtung des Patrons grundsätzlich alle Gläubiger des Protégés begünstigt, muss infrage stehen, ob ein solcher Anspruch von dem Kreditgeber selbst geltend gemacht werden könnte. Das Unterlassen der Ausstattung würde nämlich, zumindest auch, einen Gesamtschaden der übrigen Gläubiger des Protégés bedeuten, was dazu führen könnte, dass der Schadensersatzanspruch gemäß § 92 InsO von dem Insolvenzverwalter geltend zu machen wäre.

Unabhängig davon welchen der dargestellten Wege der Kreditgeber beschreiten wollte, wären Voraussetzung für einen Schadenersatzanspruch weiter eine von dem Patron zu vertretende Pflichtverletzung und ein darauf beruhender Schaden des Kreditgebers. Nähme man an, dass die Ausstattungsverpflichtung tatsächlich dazu führt, dass der Patron den Protégé „um jeden Preis"[92] ausstatten muss, dann läge mit dem Unterlassen dieser Aus-

---

[90] So: Rimmelspacher (Rz. 117).
[91] Bereits vor der Schuldrechtsreform wurde vertreten, dass der Kreditgeber vor Löschung des Protégés Schadenersatz wegen Nichterfüllung gemäß § 286 Abs. 2 BGB a.F. verlangen könne (vgl. Schröder, ZGR 1982, 552, 556). Dies beruhte allerdings auf der problematischen Annahme, dass der Kreditgeber kein Interesse im Sinne § 286 Abs. 2 BGB a.F. an einer Ausstattung des insolventen Protégés habe.
[92] Vgl. etwa LG Berlin, Urt. v. 18.2.2000 – 94 O 93/99, WM 2000, 1060, 1061. Hier waren die Betriebsmittel des Protégés durch einen Brandanschlag zerstört worden.

stattung eine Pflichtverletzung vor, die der Patron in jedem Falle zu vertreten hätte. Hieraus lässt sich jedoch nicht, wie allgemein angenommen wird[93], folgern, dass der Kreditgeber im Falle der Insolvenz des Protégés stets einen auf § 280 BGB a.f./n.f. gegründeten Schadenersatzanspruch erwerben würde. Erforderlich wäre nämlich auch, dass der Schaden des Kreditgebers (Kreditausfall) kausal auf der Verletzung der angenommenen Pflicht zur Ausstattung durch den Patron beruht. Es ist aber durchaus möglich, dass ein pflichtgemäß ausgestatteter Protégé ohne zahlungsunfähig zu sein mit Rücksicht auf den Insolvenzgrund der Überschuldung (§ 19 InsO) abgewickelt wird. Die Konsequenz hieraus ist eindeutig, wird aber nur vereinzelt ausgesprochen[94]. Die als Verpflichtung zur Liquiditätssicherung verstandene Ausstattungsverpflichtung schützt den Kreditgeber im Falle einer überschuldungsbedingten Insolvenz des Protégés nicht. Ein solcher Fall kann in Anbetracht der Tatsache, dass Konzernuntergesellschaften aus den eingangs dargelegten Gründen weitgehend mit Fremdkapital operieren, sogar leicht eintreten. Selbst wenn man alle bisher genannten Bedenken beiseite ließe würde eine wörtlich verstandene Ausstattungsverpflichtung also nicht zu einer effektiven Kreditbesicherung führen.

II. Die Einstandspflicht des Patrons

Die vorstehenden Ausführungen haben gezeigt, dass eine Verpflichtung zur Ausstattung des Protégés „um jeden Preis" nicht rechtsverbindlich vereinbart werden kann. Davon abgesehen würde ein Anspruch auf „Ausstattung" des Protégés dem Kreditgeber auch wenig Nutzen bringen. Er kann nicht kontrollieren, ob die Ausstattung tatsächlich erfolgt und er wäre, auch wenn er von einer mangelnden Ausstattung Kenntnis erlangte, nicht in der Lage die Ausstattung im Wege der Klage zu erzwingen. Auch die so genannte Ausstattungsverpflichtung versetzt den Kreditgeber also nicht in die Lage den

---

Hierauf wurde der Protégé abgewickelt, weil dem Patron die Mittel fehlten, den Geschäftsbetrieb wieder aufzubauen. Allein hierauf stützt das LG Berlin (a.a.O.) die Annahme einer Schadenersatzpflicht des Patrons nach § 280 BGB a.F. Das Vertretenmüssen des Patrons folge aus dem „Garantiecharakter" der Ausstattungsverpflichtung.

[93] Vgl. Staudinger-Horn, vor § 765, Rz. 414; Schneider, ZIP 1989, 619, 622; Pesch, WM 1998, 1609, 1611; Obermüller, ZGR 1975, 1, 28; BuB-Wittig, Rz. 4/2879 ff.; Merkel, in: Schimansky/Bunte/Lwowski (Hrsg.), Bankrechts-Handbuch, § 98, Rz. 21; Stecher, S. 162; Mosch, S. 138 f.

[94] Vgl. allein Merkel, in: Schimansky/Bunte/Lwowski (Hrsg.) Bankrechts-Handbuch, § 98, Rz. 25.

eingangs erläuterten Risiken von Kapitalverschiebungen im Konzern auf besondere Weise entgegenzuwirken. Selbst wenn eine Verpflichtung zur Ausstattung des Protégés wirksam vereinbart werden könnte, würde eine solche Kreditsicherheit dem Kreditgeber gegenüber der Vereinbarung einer Bürgschaft oder Garantie Nachteile bringen. Ein direkter Zugriff auf das Vermögen des Patrons wäre ihm allenfalls über einen sekundären Schadenersatzanspruch möglich. Dieser von einer schuldhaften Pflichtverletzung durch den Patron abhängige Anspruch würde aber möglicherweise nicht in der Person des Kreditgebers, sondern in der des Protégés entstehen und dem Kreditgeber jedenfalls im Falle überschuldungsbedingter Insolvenz des Protégés keinen Schutz bieten. Eine wörtlich verstandene Ausstattungsverpflichtung könnte daher nicht als „harte" Kreditsicherheit bezeichnet werden. Ein pflichtgemäß handelndes Kreditinstitut dürfte bei Verwendung einer solchen Sicherheit keinesfalls von einer Offenlegung der wirtschaftlichen Verhältnisse gemäß § 18 Abs. 1 Satz 2 KWG absehen. Wie bereits eingangs erwähnt bestehen aber Zweifel daran, dass die so genannte Ausstattungsverpflichtung tatsächlich mit den genannten Folgen wörtlich auszulegen ist.

1. Normative Auslegung der so genannten Ausstattungsverpflichtung

Mit der so genannten Ausstattungsverpflichtung liegt eine Willenserklärung vor, die grundsätzlich der Auslegung nach den §§ 133, 157 BGB offen steht. Eine Auslegung kommt aber nur dann und nur insoweit in Betracht, als eine Erklärung auslegungsbedürftig ist. Dies ist zumindest bei eindeutigen Erklärungen nicht der Fall[95]. Es bedarf keiner Sinnermittlung, wenn am Erklärungsinhalt kein Zweifel möglich ist[96]. Eine solche Situation soll bei der Ausstattungsverpflichtung gegeben sein[97]. Hierzu ist anzumerken, dass bereits die Frage nach der Eindeutigkeit einer bestimmten Erklärung ein gewisses Maß an Auslegung erfordern kann[98]. Dies zeigt sich im Falle der so genannten „Ausstattungsverpflichtung" an der These, man dürfe nicht den „eindeutigen gestalterischen Willen professioneller Vertragsschließender"[99] überge-

---

[95] Palandt-Heinrichs, § 133, Rz. 6 mit Hinweis auf die später revidierte Entscheidung des BGH (Urt. v. 10.10.1957 – VII ZR 419/56, BGHZ 25, 318) zur unbeschränkten Zulässigkeit der Globalbürgschaft.
[96] RGRK-Krüger-Nieland, § 133, Rz. 5.
[97] Esser/Weyers, § 40 V (S. 360).
[98] MünchKomm-Mayer-Maly/Armbrüster, § 133, Rz. 46.
[99] Esser/Weyers, § 40 V (S. 360).

hen und die Ausstattungsverpflichtung etwa als Garantie oder Bürgschaft einordnen. Ohne dass an dieser Stelle zu diesen Folgerungen Stellung genommen werden soll, lässt sich feststellen, dass mit dem Hinweis auf die Vertragserfahrenheit der Parteien des Patronatsvertrages Bezug auf eine außerhalb der Erklärung selbst liegende Tatsache genommen wird. Ein solches Vorgehen entspricht gerade klassischer Auslegungstechnik und demonstriert, dass die so genannte Ausstattungsverpflichtung nicht nur der Auslegung offen steht, sondern ihr, wie alle Patronatserklärungen[100], sogar bedarf. Tatsächlich stellt auch ein auf den ersten Blick „eindeutiger" Erklärungswortlaut kein Auslegungshindernis dar. Dies gebietet schon der Gesetzeswortlaut, der die Erforschung des wirklichen Willens (§ 133 BGB) fordert. Ausgangspunkt für die Auslegung ist das Gesamtverhalten der an der Erklärung beteiligten Parteien, zu dem neben der Erklärung selbst auch alle Nebenumstände, Vorbesprechungen und der Zweck der Erklärung gehören.

Der primäre Zweck der so genannten Ausstattungsverpflichtung besteht darin, die Rückführung der an den Protégé herausgelegten Darlehensvaluta abzusichern. Hierzu würde ein Anspruch auf „Ausstattung" des Protégés, selbst wenn er wirksam vereinbart werden könnte, wie gezeigt, nichts beitragen. Könnte man die so genannte Ausstattungsverpflichtung aber als Garantie oder Bürgschaft des Patrons auslegen, so könnte der genannte Zweck zumindest weitgehend erreicht werden. Einer solchen Auslegung scheint aber jedenfalls zunächst der Wortlaut der Erklärung entgegenzustehen. Der Wortlaut einer auszulegenden Willenserklärung stellt den Ausgangspunkt jeder Auslegung dar[101]. Im Rahmen der so genannten normativen Auslegung sind dann weitere, außerhalb der Erklärung liegende Tatsachen heranzuziehen, sodass letztlich die Frage zu stellen ist, wie ein objektiver Dritter mit dem Kenntnisstand des Erklärungsempfängers die Erklärung verstanden hätte (so genannter objektiver Empfängerhorizont[102]. Hiermit wird jedoch gerade nicht eine Abkehr von der Untersuchung des erklärten Willens und die Hinwendung zu einem Abstellen auf den wirklichen Willen, wie man sie § 133 BGB entnehmen könnte, gefordert. Vielmehr ist die Auslegungsregel des § 133 BGB nach Larenz[103] so zu verstehen, dass „derjenige Sinn zu

---

[100] v. Westphalen, Exportfinanzierung, S. 385.
[101] BGH, Urt. v, 31.1.1995 – XI ZR 56/94, NJW 1995, 1212; Urt. v. 18.5.1998 – II ZR 19/97, NJW 1998, 2966; Urt. v. 11.9.2000 – II ZR 34/99, NJW 2001, 144, 145.
[102] MünchKomm-Mayer-Maly/Armbrüster, § 133, Rz. 10; Heck AcP 112 (1914), 1, 43.
[103] Larenz, Auslegung, S. 76 f.

erforschen ist, den der Erklärende als verständlich ansehen darf"[104]. Mit diesem Rekurs auf den möglichen Wortsinn einer Erklärung ist klargestellt, dass der Wortlaut nicht nur den Ausgangspunkt der Auslegung bildet. Vielmehr stellen der Wortlaut, beziehungsweise seine objektiv möglichen Verständnismöglichkeiten, auch die Grenze jeder normativen Auslegung von Willenserklärungen dar.

In Bezug auf die so genannte Ausstattungsverpflichtung bedeutet dies, dass man aus dieser Erklärung nur dann eine primäre Einstandspflicht des Patrons ableiten könnte, wenn ein objektiver Dritter die Erklärung so verstanden hätte. Zur Beantwortung der Frage nach dem Verständnis des „objektiven Dritten" ist grundsätzlich vom allgemeinen Sprachgebrauch auszugehen[105]. Im allgemeinen Sprachgebrauch bedeutet „Ausstattung" jedoch nicht das Einstehen für eine fremde Verbindlichkeit. Es kann aber auch von dem besonderen Sprachgebrauch der beteiligten Parteien auszugehen sein, wenn es sich bei diesen um Fachleute[106] handelt oder zwischen ihnen sonst ein besonderer Sprachgebrauch herrscht[107]. Es kann zumindest nicht ausgeschlossen werden, dass für die an der Vereinbarung der so genannten Ausstattungsverpflichtung beteiligten „professionellen Vertragsschließenden"[108] der Begriff „Ausstattungsverpflichtung" eine Einstandspflicht des Patrons bedeutet. Jedenfalls spricht die offensichtliche Interessenlage der Parteien dafür, dass hier nicht allein der Wortsinn von Ausstattung im allgemeinen Sprachgebrauch zugrunde zu legen ist[109]. In Anbetrachtheit der rechtlichen Bedenken gegen eine hinreichende Bestimmtheit einer Pflicht zur Ausstattung des Protégés ist auch zu berücksichtigen, dass im Zweifel derjenigen Auslegung der Vorrang gebührt, welche die Nichtigkeit des Rechtsgeschäftes vermeidet[110].

---

[104] Larenz, Auslegung, S. 76.
[105] Palandt-Heinrichs, § 133, Rz. 14.
[106] BGH, Urt. v. 23.6.1994 – VII ZR 163/93, NJW-RR 1994, 1108,1109.
[107] BGH Urt. v. 12.12.2000 – XI ZR 72/00, NJW 2001, 1344.
[108] Esser/Weyers, § 40 V (S. 360).
[109] Dies wird auch im Rahmen der wörtlichen Auslegung der so genannten Ausstattungsverpflichtung anerkannt, wenn vertreten wird, dass die so genannte Ausstattungsverpflichtung neben der Verpflichtung zur Ausstattung des Protégés auch eine „Haftungsübernahme" (vgl. Michalski, WM 1994, 1229, 1240) enthalte, ohne dass sich hierfür ein Anhaltspunkt im Wortlaut der Erklärung findet.
[110] BGH, Urt. v. 3.3.1971 – VIII ZR 55/70, NJW 1971, 1035.

Es ist aber ohnehin fraglich, ob hier überhaupt vom Wortlaut der Erklärung ausgegangen werden muss. Zumindest dann, wenn über eine bestimmte Vereinbarung Konsens zwischen den Parteien hergestellt worden ist, kann der Wortlaut der von den Parteien abgegebenen Erklärungen die Rechtsgeltung der „stillschweigend" getroffenen Vereinbarung nicht beeinflussen. Vielmehr müssen bei Bestehen eines solchen Konsenses der Wortlaut und der vom Empfängerhorizont aus ermittelte objektive Erklärungssinn unbeachtlich bleiben[111]. Dies gilt dann, wenn die Erklärenden dasselbe meinen oder der Erklärungsempfänger zumindest erkannt hat, was der Erklärende in Wirklichkeit wollte. Wegen dieses oft mit der Parömie „falsa demonstratio non nocet" umschriebenen Vorranges des übereinstimmenden wirklichen Willens der Parteien vor jeder am Wortlaut der Erklärung ausgerichteten Auslegung wäre eigentlich vor jeder Auslegung der Ausstattungsverpflichtung zu fragen, ob sich Patron und Kreditgeber nicht von vorneherein über die Begründung einer primären Einstandspflicht des Patrons einig waren. Für das Vorliegen einer solchen Einigung von Patron und Kreditgeber spricht jedenfalls die Interessenlage beider Seiten. Für den Kreditgeber ist die Vereinbarung einer Zugriffsmöglichkeit auf das Vermögen des Patrons, auch im Hinblick auf § 18 Abs. 1 Satz 2 KWG, von wesentlicher Bedeutung. Der Patron dagegen ist zwar grundsätzlich daran interessiert eine Haftung für Verbindlichkeiten des Protégés und damit eine Bilanzvermerkpflicht zu vermeiden. Wenn er dies aber nur gegen Eingehung einer Ausstattungsverpflichtung „um jeden Preis", die zudem ebenfalls bilanzpflichtig wäre[112], erreichen könnte, so würde die Vereinbarung einer Bürgschaft oder Garantie eher in seinem Interesse liegen. Es spricht daher vieles dafür, dass sich Patron und Kreditgeber von vorne herein über die Vereinbarung einer primären Einstandspflicht des Patrons einig waren.

Es bleibt aber die Frage, warum unter diesen Umständen nicht explizit eine Garantie oder Bürgschaft vereinbart worden ist. In dem Verzicht auf die Verwendung dieser Begriffe wird ein Indiz dafür gesehen, dass tatsächlich eine Pflicht zur Ausstattung des Protégés begründet werden sollte. Es wird behauptet, mit dem eben nicht auf eine Garantie oder Bürgschaft abzielenden Wortlaut der so genannten Ausstattungsverpflichtung werde der „eindeutige gestalterische Willen"[113] von Patron und Kreditgeber deutlich. Hin-

---

[111] MünchKomm-Mayer-Maly/Armbrüster, § 133, Rz. 14.
[112] Limmer, DStR 1993, 1750; Mosch, S. 188.
[113] Esser/Weyers, § 40 V (S. 360).

ter der Argumentation mit dem „gestalterischen Willen" von Patron und Kreditgeber steht die nicht klar ausgesprochene – aber durchaus zutreffende – Überlegung, dass Ausstattungsverpflichtungen zumindest in der Vergangenheit zur Umgehung steuer- und bilanzrechtlicher Bestimmungen verwendet worden sind. Obgleich heute, wie gezeigt, eine Umgehung steuer- und bilanzrechtlicher Bestimmungen über die Verwendung von Ausstattungsverpflichtungen nicht mehr Erfolg versprechend erscheint, mag es immer noch dazu kommen, dass eine solche Umgehung im Hinblick auf § 251 HGB einerseits und § 18 Abs. 1 Satz 2 KWG andererseits versucht wird. Auch das Vorliegen eines solchen Umgehungsversuches würde aber keinen Grund für die Annahme darstellen, dass Patron und Kreditgeber tatsächlich rechtsverbindlich eine Pflicht zur Ausstattung des Protégés vereinbaren wollten. Vielmehr wäre in einem solchen Fall zu fragen, ob die Verpflichtung zur Ausstattung des Protégés tatsächlich von einem Rechtsgeltungswillen getragen war. Waren nämlich die Rechtsfolgen der auf den Abschluss eines Umgehungsgeschäftes gerichteten Willenserklärung nämlich nicht ernstlich gewollt, so ist das Umgehungsgeschäft nichtig (§ 117 Abs. 1 BGB). Es wäre dann nach einem dissimulierten Geschäft im Sinne des § 117 Abs. 2 BGB zu fragen. Zumindest dann, wenn tatsächlich „professionelle Vertragsschließende"[114] in einem gemeinsamen Umgehungsversuch die Abgabe einer Ausstattungsverpflichtung durch den Patron veranlasst haben, ist davon auszugehen, dass diese Erklärung nicht von Rechtsgeltungswillen getragen war und dass ein dissimuliertes Geschäft, nämlich eine Bürgschaft oder Garantie des Patrons, vorliegt. Diese könnte sogar in den Verhandlungen über die Kreditbesicherung mündlich[115] erklärt worden sein.

Nur wenn man davon ausgeht, dass sich Patron und Kreditgeber zu keinem Zeitpunkt über das Bestehen einer primären Einstandspflicht des Patrons geeinigt haben und aus mangelnder Kenntnis der rechtlichen Probleme ernsthaft die Rechtsfolge einer Verpflichtung des Patrons zur Ausstattung des Protégés herbeiführen wollten, kann man die mangelnde Interessengemäßheit dieses Ergebnisses ignorieren. Auch in diesem Falle würde sich aller-

---

[114] Esser/Weyers, § 40 V (S. 360).
[115] Die Formvorschrift des § 766 BGB wäre weder bei Vorliegen einer Garantie, noch im Falle einer Bürgschaft anzuwenden. Auf die Garantie lässt sich § 766 BGB nicht anwenden, weil es sich hierbei um eine Ausnahmevorschrift handelt, vgl. Staudinger-Horn, vor § 766, Rz. 2. Sollte dagegen eine Bürgschaft in Betracht kommen, würde das Formerfordernis wegen § 350 HGB regelmäßig nicht gelten, da es sich bei Patron und Kreditgeber um Kaufleute handelt.

dings nichts daran ändern, dass letztlich keine Pflicht zur Ausstattung, sondern eine primäre Einstandspflicht des Patrons besteht. Selbst eine von den Parteien ernstlich gewollte Verpflichtung zur Ausstattung des Protégés wäre nämlich wegen ihrer inhaltlichen Unbestimmtheit nichtig. Es käme dann eine Umdeutung nach § 140 BGB in Betracht. Hier müsste dann untersucht werden, ob sich ein hypothetischer Wille der Parteien feststellen lässt und ob die Parteien bei Kenntnis von der Nichtigkeit des Vereinbarten ein „Ersatzgeschäft" abgeschlossen hätten. Entscheidend ist, ob die Parteien bei Kenntnis der Nichtigkeit das Ersatzgeschäft im Hinblick auf die von ihnen verfolgten wirtschaftlichen Ziele vernünftigerweise vorgenommen hätten[116]. Diese Feststellung ist in Bezug auf die so genannte Ausstattungsverpflichtung eindeutig zu treffen. Hätten Patron und Kreditgeber gewusst, dass der Versuch, den Patron zur Ausstattung des Protégés zu verpflichten zum Scheitern verurteilt war und zum Fehlen jeglicher Besicherung des Kredites führen würde, so hätten sie eine andere Kreditsicherheit vereinbart und eine primäre Einstandspflicht des Patrons begründet.

Insgesamt lässt sich damit festhalten, dass in jedem Fall eine primäre Einstandspflicht des Patrons besteht, zu deren Inhalt noch Stellung zu nehmen sein wird. Das Bestehen einer primären Einstandspflicht des Patrons folgt regelmäßig aus einer Einigung von Patron und Kreditgeber. Diese Einigung kann ihren Ausdruck in der als Ausstattungsverpflichtung bezeichneten Erklärung gefunden haben. Dies allerdings nur dann, wenn zwischen den Parteien bei Abgabe der Erklärung ein anderer als der übliche Wortsinn von „Ausstattung" gegolten hat. Möglich ist auch, dass Patron und Kreditgeber sich bereits vor Abgabe der Patronatserklärung und eventuell stillschweigend über die Begründung einer solchen Einstandspflicht geeinigt haben. In einem solchen Fall würde die als Ausstattungsverpflichtung bezeichnete Patronatserklärung nicht die tatsächlich von den Parteien getroffene Einigung wiedergeben. Möglich ist schließlich auch ein, sich eventuell im Rahmen eines Umgehungsversuches ergebender, Konsens über die Begründung einer primären Einstandspflicht des Patrons. Selbst wenn die Parteien ernsthaft eine Verpflichtung zur Ausstattung des Protégés vereinbaren wollten, gelangt man im Wege der Umdeutung zu eben diesem Ergebnis. Aus der Ausstattungsverpflichtung resultiert daher in jedem Fall eine Primärpflicht des Patrons gegenüber dem Kreditgeber zum Einstehen für die Kreditschuld des Protégés. Hiermit wird zugleich deutlich, dass eine Pflicht des Patrons zur Ausstattung

---

[116] Palandt-Heinrichs, § 140, Rz. 8.

des Protégés nicht bestehen kann. Eine solche Pflicht könnte ohnehin nur neben der Primärpflicht des Patrons zum Einstehen für die Schuld des Protégés stehen. Weder bei normativer Auslegung unter Beachtung von Treu und Glauben (§ 157 BGB) noch bei Orientierung am hypothetischen Parteiwillen (§ 140 BGB) ließe sich aber begründen, warum der Patron neben einer primären Einstandspflicht für die Schuld des Protégés auch eine – mangels Klagbarkeit ohnehin irrelevante – Verpflichtung zur Ausstattung übernehmen sollte.

2. Die inhaltliche Ausgestaltung der Einstandspflicht des Patrons

Es hat sich gezeigt, dass die so genannte Ausstattungsverpflichtung eine primäre Einstandspflicht des Patrons für die Kreditverbindlichkeit des Protégés begründet. Hierbei handelt es sich um eine Pflicht zur direkten Leistung von Geld an den Kreditgeber. Damit handelt es sich um eine Verpflichtung, die von der gemeinhin angenommenen Pflicht zur Ausstattung des Protégés bereits im Ansatz verschieden ist. Weder handelt es sich um einen Vertrag zu Gunsten Dritter noch kann der Patron dieser Verpflichtung durch irgendeine Leistung an den Protégé nachkommen. Auf diesem Wege kann er allenfalls erreichen, dass seine Verpflichtung zur Zahlung an den Kreditgeber nicht entsteht. Andererseits ist er nicht den erläuterten Risiken einer Ausstattungsverpflichtung „um jeden Preis" ausgesetzt.

a) *Einstandspflicht auch bei Überschuldung des Protégés*

Wie gezeigt würde eine wörtlich verstandene Ausstattungsverpflichtung dazu führen, dass der Kreditgeber bei überschuldungsbedingter Insolvenz des Protégés keine Ansprüche gegen den Patron geltend machen könnte[117]. Der weithin angenommene Anspruch auf Ausstattung des Protégés wäre mangels Klagbarkeit wertlos und würde spätestens bei Löschung des Protégés wegen Unmöglichkeit erlöschen. Gleichzeitig würde auch ein Sekundäranspruch nach § 280 BGB a.F./n.F. möglicherweise nicht zum Tragen kommen. Sofern der Protégé trotz einer Insolvenz auslösenden Überschuldung noch liquide ist, könnte dem Patron keine Verletzung der angenommene Verpflichtung zur Ausstattung vorgeworfen werden. Sofern man allerdings anerkennt, dass die so genannte Ausstattungsverpflichtung den Pa-

---

[117] So auch Merkel, in: Schimansky/Bunte/Lwowski (Hrsg.), Bankrechts-Handbuch, § 98, Rz. 25.

tron nicht zur Ausstattung des Protégés, sondern zum Einstehen für dessen Schuld verpflichtet, stellt sich die Lage anders dar.

Der Insolvenzgrund der Überschuldung ist Gegenstand ständigen juristischen Streits. Dieser Streit rührt daher, dass die Frage, wann Überschuldung gegeben ist, letztlich nur unter betriebswirtschaftlichen Gesichtspunkten entschieden werden kann[118]. Voraussetzung für eine Überschuldung ist zunächst, dass das Vermögen des Schuldners seine Verbindlichkeiten nicht mehr deckt[119]. Diese Voraussetzung wird in Anbetracht der knappen Eigenkapitalausstattung von Konzernuntergesellschaften bei Verwendung von Patronatserklärungen oftmals gegeben sein. Da gesellschafterbesicherte Drittdarlehen im Überschuldungsstatus ungekürzt zu passivieren sind[120], könnte diese Voraussetzung der Überschuldung sogar bereits mit der Hingabe des Darlehens an den Protégé eintreten. Die Feststellung der weiteren Voraussetzungen einer Überschuldung ist allerdings deswegen mit Unsicherheiten behaftet, weil das gegen die Verbindlichkeiten zu rechnende Vermögen des Schuldners mit den Fortführungswerten zu berechnen ist, wenn die Fortführung des Unternehmens „überwiegend wahrscheinlich" (§ 19 Abs. 2 InsO) ist. Neben sonstigen Problemen der Vermögensbewertung stellt sich hier also die Frage, wann eine solche, eine günstigere Bewertung erlaubende, überwiegende Wahrscheinlichkeit gegeben ist. Bei Konzernunternehmen dürfte dies regelmäßig bereits dann nicht mehr der Fall sein, wenn die Muttergesellschaft (Patron) sich entschließt, die Tochter nicht mehr zu unterstützen. Mithin steht und fällt das Vorliegen einer Insolvenz auslösenden Überschuldung des Protégés mit dem Willen des Patrons. Vor diesem Hintergrund erschiene es geradezu widersinnig anzunehmen, dass die Parteien vereinbart hätten, der Patron solle bei überschuldungsbedingter Insolvenz des Protégés nicht haften. Die aus der so genannten Ausstattungsverpflichtung resultierende Einstandspflicht des Patrons umfasst auch ein Einstehen für die Kreditforderung bei überschuldungsbedingter Insolvenz des Protégés. Auf ein Verschulden des Patrons kommt es, anders als bei wörtlicher Auslegung der so genannten Ausstattungsverpflichtung, nicht an. Die Verpflichtung des Patrons trägt insofern garantieähnliche Züge.

---

[118] Zu dieser Problematik und den vertretenen Positionen vgl. Haarmeyer/Wutzke/Förster, S. 49 ff. (Rz. 92 ff.).
[119] Vgl. § 92 Abs. 2 Satz 2 AktG; § 64 Abs. 1 Satz 1 GmbHG und § 19 Abs. 2 InsO.
[120] Haarmeyer/Wutzke/Förster, S. 55 (Rz. 102).

b) Die „Akzessorietät" der Einstandspflicht des Patrons

Dass die von dem Patron eingegangene Verpflichtung nicht gänzlich von der Kreditschuld des Protégés unabhängig sein kann, ist allgemein anerkannt. Sowohl für die fälschlicherweise angenommene Primärpflicht zur Ausstattung des Protégés, wie auch für die daraus abgeleitete sekundäre Einstandspflicht wird angenommen, dass eine Leistungspflicht des Patrons nicht in Betracht komme, wenn auch der Protégé nichts hätte leisten müssen[121]. Dies wird als „Akzessorietät"[122] oder vorsichtiger als „spezielle Akzessorietät"[123] der Ausstattungsverpflichtung bezeichnet. Dieser Wertung ist auch dann zu folgen, wenn man mit der hier vertretenen Ansicht der Ausstattungsverpflichtung allein eine Pflicht des Patrons zum Einstehen für die Kreditverbindlichkeit entnimmt. Aus dem Sicherungscharakter der so genannten Ausstattungsverpflichtung folgt zunächst, dass die Höhe der Verpflichtung des Patrons von der Höhe der Kreditrestschuld des Protégés abhängt. Dies bedeutet einerseits, dass eine Einstandspflicht des Patrons für Kredite des Kreditgebers oder von dritter Seite, auf die in der Patronatserklärung kein Bezug genommen wird, nicht in Betracht kommt. Andererseits müssen Patron und Kreditgeber Veränderungen der besicherten Kreditschuld (teilweise Rückzahlung und Neuvalutierung) gegen sich gelten lassen. Auch folgt aus dem der Verwendung der Ausstattungsverpflichtung zugrunde liegenden Parteiinteresse, dass der Patron den Schaden zu tragen hat, den der Kreditgeber durch Zahlungsverzug des Protégés erleidet. Dies alles ergibt sich letztlich daraus, dass der Patron der „wirtschaftliche Schuldner" der Darlehensverbindlichkeit ist, und dass die Parteien lediglich aus den zu Beginn dieser Arbeit erläuterten, durch den Hintergrund der Konzernfinanzierung bedingten Gründen, für eine Darlehensvergabe an den Protégé optiert haben. Der Verwendung dieser Erklärung liegt offenkundig der Konsens zugrunde, dass der Patron ähnlich dem Schuldner der Darlehensverbindlichkeit (Protégé) haften solle, aber auch nicht schärfer als dieser.

Hieraus ergibt sich die, ebenso anerkannte[124], Konsequenz, dass der Patron im Rahmen seiner Einstandspflicht gegenüber dem Kreditgeber nicht nur Einreden aus seinem Verhältnis zu diesem, sondern auch die Einreden des

---

[121] Vgl. etwa Kohout, S. 151 ff. und 203 ff.
[122] Schäfer, WM 1999, 153, 155; Rimmelspacher, Rz. 114.
[123] Kohout, S. 172.
[124] Vgl. etwa Kohout, S. 157.

Protégés aus dem Kreditverhältnis geltend machen kann. Fehl am Platze ist hier allerdings das von den Befürwortern der wörtlichen Auslegung der Ausstattungsverpflichtung verwendete argumentum a maiore ad minus, dass der Patron schon deswegen die Einreden aus dem Kreditverhältnis müsse geltend machen können, weil er „nur" die Zahlungsfähigkeit des Protégés verspreche und ein Bürge, der für die Erfüllung der Verbindlichkeit hafte, diese Einreden nach dem Gesetz (§ 768 BGB) geltend machen könne[125]. Abgesehen davon, dass eine, wirksame, Verpflichtung zur Ausstattung kein minus zu einer Bürgschaft darstellen würde ist nämlich auch nicht gesagt, dass hier überhaupt eine analoge Anwendung von Bürgschaftsrecht erwogen werden müsste. Schließlich wurde bisher nur festgestellt, dass der Patron der „wirtschaftliche Schuldner" der Kreditverbindlichkeit ist, woraus sich folgern lässt, dass seine Verbindlichkeit der Kreditverbindlichkeit nicht vollkommen unabhängig gegenüber steht. Vor der Frage nach einer analogen Anwendung von Bürgschaftsrecht muss geklärt werden, ob die Einstandspflicht des Patrons überhaupt von der Kreditverbindlichkeit getrennt werden kann oder ob möglicherweise die Regeln über die Gesamtschuld anzuwenden sind. Aus diesem Grunde ist der Begriff „Akzessorietät" hier nur mit Vorsicht zu gebrauchen.

c) Die Subsidiarität der Einstandspflicht des Patrons

Mit der Feststellung, dass der Kreditgeber grundsätzlich alle von dem Protégé nicht gezahlten Kreditbeträge verlangen kann, ist noch keinesfalls festgestellt, dass die Ausstattungsverpflichtung dem Kreditgeber eine klassischen Kreditsicherheiten vergleichbare Anspruchsgrundlage bietet. Wegen der Möglichkeit von Kapitalverflechtungen im Konzern und des resultierenden „Teleskopeffektes"[126] kann es dazu kommen, dass auf den Zahlungsverzug des in der Krise befindlichen Protégés alsbald die Insolvenz auch des Patrons folgt. Deswegen ist es für den Kreditgeber bedeutsam, wie schnell er auf das Vermögen des Patrons zugreifen kann. Infrage steht damit die Fälligkeit der Einstandspflicht des Patrons. In Anbetracht der Tatsache, dass es gerade Sinn und Zweck der Ausstattungsverpflichtung ist, den Konzernkredit effektiv zu besichern, kann nicht davon ausgegangen werden, dass die Leistung des Patrons an den Kreditgeber erst mit insolvenzbedingter Löschung des Protégés fällig werden soll, wie es die Konsequenz einer wörtlichen Ausle-

---

[125] Kohout, S. 157.
[126] Baums/Vogel, in: Lutter u.A. (Hrsg.), Konzernfinanzierung, § 9, Rz. 9.47.

gung der Ausstattungsverpflichtung wäre[127]. Zu klären ist allerdings wie weit vor diesem Zeitpunkt die Fälligkeit der Einstandspflicht des Patrons eintritt. In Einklang mit dem zuvor Gesagten ist zunächst davon auszugehen, dass nach dem Parteiwillen ein Vorgehen des Kreditgebers gegen den „wirtschaftlichen Kreditnehmer" (Patron) erst möglich sein kann, wenn und so weit die Kreditforderung gegenüber dem Protégé fällig geworden ist. Anderenfalls würde der Patron sogar schärfer als der Kreditnehmer haften. Für einen hierauf gerichteten Parteiwillen liegen aber keine Anhaltspunkte vor. Obgleich der Patron als wirtschaftlicher Kreditnehmer fungiert ist es für die Parteien des Patronatsverhältnisses aus den eingangs erläuterten Gründen wichtig, dass, zumindest juristisch gesehen, allein der Protégé zum Darlehensschuldner wird. Hätten sich die Parteien darauf geeinigt, dass die Einstandspflicht des Patrons gleichzeitig mit der Darlehensschuld fällig werden soll, würde es im Belieben des Kreditgebers stehen, ob er den Patron oder den Protégé in Anspruch nimmt. Dies würde die Verbindlichkeit des Patrons aber – auch in bilanzrechtlicher Hinsicht – in die Nähe einer Gesamtschuld rücken. Dies wird zumindest der Patron zu vermeiden suchen. Es ist daher davon auszugehen, dass nach dem Willen von Patron und Kreditgeber die Einstandspflicht des Patrons fällig werden soll, wenn die Kreditforderung gegenüber dem Protégé uneinbringlich wird. Zum Beweis dieser Tatsache würde ein Insolvenzantrag des Protégés genügen. Liegt ein solcher Antrag allerdings nicht vor, so müsste der Kreditgeber die Uneinbringlichkeit seiner Forderung gegen den Protégé beweisen, indem er erfolglos versucht in dessen Vermögen zu vollstrecken. Dem Patron steht daher zumindest vom praktischen Ergebnis her eine Einrede der Vorausklage zu. Seine Einstandspflicht ist subsidiär gegenüber der Kreditverbindlichkeit des Protégés.

3. Juristische Einordnung der Einstandspflicht des Patrons

Nachdem die inhaltliche Ausgestaltung der von dem Patron übernommenen Einstandspflicht erläutert worden ist, kann auch die Frage beantwortet werden, ob mit dieser Patronatserklärung tatsächlich eine Kreditsicherheit sui generis vorliegt. Die eben getroffenen Feststellungen haben gezeigt, dass die Einstandspflicht des Patrons Charakteristika verschiedener „klassi-

---

[127] Zu Recht vertreten Köhler (WM 1978, 1338, 1345 f.) und Schröder (ZGR 1982, 552, 561) die Ansicht, dass ein auf § 280 BGB gestützter Sekundäranspruch des Patrons erst mit Löschung des Protégés entstehen könne.

scher" Personalsicherheiten aufweist. Während die Rolle des Patrons als „wirtschaftlicher Schuldner" der Darlehensverbindlichkeit die Ausstattungsverpflichtung in die Nähe einer Schuldmitübernahme zu rücken scheint, spricht der Garantiecharakter der Verpflichtung für eine Einordnung als Garantie. Die enge Verknüpfung mit der Darlehensforderung und die Subsidiarität der Einstandspflicht des Patrons scheinen dagegen für eine Einordnung als Bürgschaft zu sprechen. Es ist also eine negative Abgrenzung zu diesen Kreditsicherheiten erforderlich. Nur wenn die Ausstattungsverpflichtung sich keinem dieser Sicherheitstypen zuordnen ließe könnte man von einer Kreditsicherheit sui generis sprechen.

a) Abgrenzung zum Schuldbeitritt

Der Schuldbeitritt[128] ist gesetzlich nicht geregelt, aber mit Rückblick auf die im Schuldrecht herrschende Privatautonomie möglich. Nach ganz herrschender Meinung tritt[129] tritt beim kumulativen Schuldbeitritt der (Mit-)Übernehmer als weiterer Gesamtschuldner (§§ 421 ff. BGB) in das Schuldverhältnis ein.

Es wurde bereits erwähnt, dass ein Eintreten des Patrons in das zwischen Kreditgeber und Protégé bestehende Kreditverhältnis aus verschiedenen Gründen nicht im Interesse des Patrons liegen würde. Vielmehr ist die Einstandspflicht des Patrons subsidiär gegenüber der Kreditschuld.

Nur wenn man sich der vereinzelt vertretenen Ansicht[130] anschlösse, dass ein subsidiärer Schuldbeitritt möglich sei, könnte eine solche Einordnung der Ausstattungsverpflichtung in Betracht kommen. Aber selbst dann würden weitere Gesichtspunkte entgegenstehen. Ein Schuldbeitritt ist nur zu einer wirksam begründeten Verbindlichkeit möglich[131]. Anderenfalls ginge er ins Leere. Dies wäre auch bei der Ausstattungsverpflichtung regelmäßig der Fall, wenn man diese als Schuldbeitritt zu begreifen hätte. Patronatserklärungen werden regelmäßig abgegeben, bevor das zu besichernde Darlehen valutiert wird. Da der zu besichernde Anspruch des Kreditgebers auf

---

[128] Auch als Schuldmitübernahme oder kumulativer Schuldbeitritt bezeichnet.
[129] Vgl. nur Palandt-Heinrichs, vor § 414, Rz. 2.
[130] Vgl. Bülow, ZIP 1999, 985 ff, der meint, die Vereinbarung eines Schuldbeitritts beinhalte regelmäßig die Abbedingung des § 421 BGB, da der Mitübernehmer regelmäßig nicht in das Synallagma der Schuld eingebunden sei.
[131] BGH, Urt. v. 15.1.1987 – III ZR 222/85, NJW 1987, 1699.

Darlehensrückzahlung erst mit der Valutierung entsteht[132], hätte ein vor diesem Zeitpunkt erklärter Schuldbeitritt keine Wirkung. Eine Einordnung der Ausstattungsverpflichtung als (subsidiärer) Schuldbeitritt könnte daher allenfalls dann sachgemäß sein, wenn die Erklärung nach Herauslegung des Darlehens erfolgt oder unter die aufschiebende Bedingung der Darlehensherauslegung gestellt worden ist.

Auch in solchen Fällen wäre eine solche Einordnung aber letztlich nicht interessengemäß. Beim Schuldbeitritt kann sich die Schuld des Beitretenden – wenn man von den §§ 421-424 BGB absieht und sich aus dem Schuldverhältnis nicht ein anderes ergibt – von der ursprünglichen Schuld unabhängig entwickeln (§ 425 BGB). Von Patron und Kreditgeber ist aber gewollt, dass die Haftung des Patrons – abgesehen von ihrer Subsidiarität – der des Protégés entspricht. Die Ausstattungsverpflichtung kann daher auch nicht als subsidiärer Schuldbeitritt eingeordnet werden.

b) Abgrenzung zum Kreditauftrag und zur Bürgschaft

Wer einen anderen beauftragt im eigenen Namen und auf eigene Rechnung einem Dritten Kredit oder eine Finanzierungshilfe[133] zu gewähren, haftet dem Beauftragten für die aus der Kreditgewährung entstehende Verbindlichkeit des Dritten als Bürge (§ 778 BGB). Diese als Kreditauftrag bezeichnete Konstellation kommt derjenigen nahe, die hinter der Ausstattungsverpflichtung steht. Es wurde bereits herausgestellt, dass die Kreditvergabe an den Protégé wesentlich auf dem Wirken der Muttergesellschaft beruht, und dass diese die wirtschaftliche Schuldnerin der Darlehensverbindlichkeit ist. Dennoch wird man die Ausstattungsverpflichtung allenfalls im Ausnahmefall als Kreditauftrag mit resultierender Bürgenhaftung des Patrons einordnen können. Eine Einordnung als Kreditauftrag kommt von vorneherein nicht in Betracht, wenn die Patronatserklärung nach Valutierung des Darlehens abgegeben wird. Der Kreditauftrag setzt einen der Kreditvergabe zuvor kommenden Auftrag voraus. Aber auch dann, wenn die Darlehensvalutierung, wie gewöhnlich, der Abgabe der Patronatserklärung nachfolgt, spricht wenig für eine Einordnung als Kreditauftrag. Das Vorliegen eines Kreditauftrages setzt voraus, dass die Kredit gebende Partei sich gegenüber dem Auftraggeber

---

[132] Palandt-Putzo, § 488, Rz. 12.
[133] Der Begriff der Finanzierungshilfe wurde durch Art. 1 Abs. 1 Nr. 56 SMG eingefügt, da der Begriff des Darlehens nunmehr auf das Gelddarlehen reduziert ist (vgl. § 488 Abs. 1 BGB n.F.).

verpflichtet hat, einem Dritten Kredit zu gewähren[134]. Wenn die Bank sich während der Verhandlungen über die Kreditgewährung entschließt den Kredit zu gewähren, wenn der Patron eine von ihr vorbestimmte[135] Patronatserklärung abgibt, bedeutet dies nicht notwendig, dass sich die Bank schon während der Vorverhandlungen zur Kreditvergabe verpflichtet. Denkbar wäre allenfalls, in der Erklärung der Ausstattungsverpflichtung einen Auftrag des Patrons zur Kreditvergabe an den Protégé und in der Auszahlung der Darlehensvaluta zugleich die Annahme und die Erfüllung dieses Auftrages zu sehen. Indessen erscheint es aber äußerst zweifelhaft, ob die Bank mit der Auszahlung der Darlehensvaluta auch eine Leistungspflicht gegenüber dem Patron anerkennen und erfüllen will. Wenn nicht im Einzelfall besondere Umstände vorliegen, dürfte eine Einordnung der Ausstattungsverpflichtung als Kreditauftrag nicht in Betracht kommen.

Andererseits erscheint aber eine Einordnung als Bürgschaft des Patrons zumindest möglich. Mit der Bürgschaft übernimmt der Bürge die eigenständige aber zu der Hauptschuld akzessorische Verpflichtung, für die Erfüllung der Hauptschuld einzustehen. Gerade der Gesichtspunkt der Akzessorietät scheint eine Einordnung der Ausstattungsverpflichtung als Bürgschaft nahe zu legen. Schließlich ist auch die Einstandspflicht des Patrons, wie dargestellt, in Umfang, Bestand und Durchsetzung von der Darlehensverbindlichkeit abhängig[136]. Die Ausstattungsverpflichtung stellt aber dennoch keine Bürgschaft dar.

Bei der Bürgschaft führt die materiell-rechtliche Abhängigkeit zwischen Haupt- und Bürgenschuld dazu, dass der im Prozess gegen den Hauptschuldner rechtskräftig abgewiesene Gläubiger sich nicht mehr an den Bürgen halten kann. Es liegt ein Fall von Rechtskrafterstreckung vor[137]. Dies gilt auch dann, wenn im Prozess zwischen Gläubiger und Hauptschuldner ein gerichtlicher Vergleich geschlossen worden ist[138]. Auf die Situation der Ausstattungsverpflichtung bezogen würde dies bedeuten, dass der Kreditgeber nicht mehr gegen den Patron vorgehen kann, wenn er sich zuvor mit dem Protégé verglichen hat. Dies wäre aber ersichtlich nicht mit den hinter der Vereinba-

---

[134] Hierbei kann der Auftraggeber im Übrigen den Auftrag bis zur Valutierung des Darlehens frei widerrufen, vgl. Palandt-Sprau, § 778, Rz. 4.
[135] v. Bernuth, ZIP 1999, 1501, 1504.
[136] Zu diesem für eine Einordnung als Bürgschaft sprechenden Aspekt vgl. Schäfer, WM 1999, 153, 162 f.
[137] Palandt-Sprau, § 767, Rz. 4.
[138] BGH, Urt. v. 24.11.1967 – VIII ZR 78/67, NJW 1970, 279.

rung der Ausstattungsverpflichtung stehenden Interessen des Kreditgebers vereinbar. Da sich bei Zahlungsschwierigkeiten des Protégés möglicherweise bereits der gesamte Konzern in der Krise befindet, muss es dem Kreditgeber darauf ankommen, so schnell als möglich auf das Vermögen von Protégé und Patron zugreifen zu können. Dabei könnte es für den Kreditgeber durchaus geboten sein, sich mit dem Protégé über einen Teilbetrag zu vergleichen, um seinen restlichen Ausfallschaden sofort von dem Patron ersetzt verlangen zu können[139]. Eine völlige materiell-rechtliche Abhängigkeit der Einstandspflicht des Patrons von der Kreditverbindlichkeit würde den Kreditgeber dieser Möglichkeit berauben und die Ausstattungsverpflichtung zur Besicherung von Konzernkrediten untauglich machen. Angesichts des Konzernhintergrundes der Verwendung von Ausstattungsverpflichtungen ist anzunehmen, dass nach dem Willen von Kreditgeber und Patron gerichtliche und außergerichtliche Vereinbarungen zwischen Kreditgeber und Protégé über das Darlehen für die Einstandspflicht des Patrons unerheblich sein sollen. Damit kommt aber eine Einordnung als Bürgschaft mangels vollständiger Akzessorietät nicht in Betracht.

c) Einordnung als Garantieerklärung

Einer Einordnung der so genannten Ausstattungsverpflichtung als Garantieerklärung scheint zunächst entgegenzustehen, dass die Einstandspflicht des Patrons sich zumindest im Hinblick auf Entstehung, Durchsetzung und Erlöschen akzessorisch zu der Kreditverbindlichkeit des Protégés verhält. Wesentliches Merkmal der Garantie ist aber das Fehlen von Akzessorietät[140].

Allerdings ist zu beachten, dass auch bei bestimmten Formen der Garantie ein enger Zusammenhang zwischen der besicherten Forderung und der Garantenpflicht bestehen kann. Die so genannte Forderungsgarantie kann durch

---

[139] Dies zeigt etwa ein Fall des OLG Nürnberg (Urt. v. 9.12.1998 – 12 U 2626/98, IPrax 1999, 464). Hier war eine Ausstattungsverpflichtung für eine US-Amerikanische Gesellschaft abgegeben worden. Der Protégé geriet in Schwierigkeiten und beantragte Gläubigerschutz nach Chapter 11 des US-Konkursgesetzes (Bankruptcy Code). Während des resultierenden Verfahrens stimmte der Kreditgeber einem Reorganisationsplan zu. Obgleich der Kreditgeber nicht voll befriedigt wurde, erklärte das Konkursgericht seine Forderung für erloschen. Im Prozess gegen den Patron leitete das OLG Nürnberg (a.a.O., S. 466) aus Sinn und Zweck der Patronatserklärung ab, dass der Patron mit Einreden aus einem Konkursverfahren des Protégés abgeschnitten sei.

[140] MünchKomm-Habersack, vor § 765, Rz. 15 m.w.N.

Bezugnahme auf die besicherte Forderung der akzessorischen Bürgschaft graduell angenähert werden[141]. Rechtstechnisch geschieht dies dadurch, dass der die Garantiepflicht auslösende Garantiefall dahingehend definiert wird, dass nur die Nichtleistung des Hauptschuldners auf die einredefreie Forderung des Gläubigers den Garantieanspruch gegen den Garanten auslöst. Mit dem durch den Gläubiger zu erbringenden Nachweis des Eintritts des Garantiefalles sind dann „akzessorietätsgleiche"[142] Wirkungen verbunden.

Deswegen hindert die weitgehende Akzessorietät der Einstandspflicht des Patrons nicht die Einordnung der so genannten Ausstattungsverpflichtung als Garantieerklärung. Auch die eben erläuterte Subsidiarität der Einstandspflicht des Patrons steht einer solchen Einordnung nicht entgegen. Gerade die Forderungsgarantie knüpft typischerweise an die Nichterfüllung der gesicherten Forderung an[143] und ist insofern subsidiär. Schließlich kann der Garantiefall auch so definiert sein, dass Voraussetzung des Anspruches des Garanten ein vorheriges Vorgehen gegen den Hauptschuldner ist[144]. Genau dies ist, wie erläutert, bei der Einstandspflicht des Patrons der Fall. Die so genannte Ausstattungsverpflichtung ist daher als Garantieerklärung einzuordnen, wobei der Garantiefall so definiert ist, dass der Garant (Patron) in Anspruch genommen werden kann, wenn der Schuldner (Protégé) zahlungsunfähig und damit die Darlehensforderung uneinbringlich ist. Eine Kreditsicherungsform sui generis stellt die so genannte Ausstattungsverpflichtung also nicht dar.

III. Verwendung der so genannten Ausstattungsverpflichtung im internationalen Rechtsverkehr

Mit der Feststellung, dass es sich bei der so genannten Ausstattungsverpflichtung um eine Garantieerklärung handelt wird deutlich, dass diese Kreditsicherheit, zumindest bei der hier vertretenen Auslegung, keine besonderen Probleme materiell-rechtlicher Art mit sich bringt. Anzusprechen sind aber einige Besonderheiten, die sich aus der Verwendung dieser Patronatserklärung im internationalen Rechtsverkehr ergeben können.

---

[141] Staudinger-Horn, vor § 765, Rz. 202.
[142] MünchKomm-Habersack, vor § 765, Rz. 25.
[143] Staudinger-Horn, vor § 765, Rz. 212.
[144] Staudinger-Horn, vor § 765, Rz. 261.

1. Anwendbarkeit deutschen Rechts

Patronatserklärungen und insbesondere Ausstattungsverpflichtungen finden Anwendung im internationalen Rechtsverkehr[145]. Es kann etwa dazu kommen, dass inländische Kreditinstitute Kredite an Tochtergesellschaften internationaler Konzerne vergeben und Patronatserklärungen der ausländischen Konzernmütter hereinnehmen. Es stellt sich dann die Frage des anwendbaren Rechts. Es wird empfohlen[146], in die Patronatserklärung eine Rechtswahlklausel sowie eine Gerichtsstandsvereinbarung aufzunehmen[147]. Dies wäre den beteiligten Parteien, bei denen es sich regelmäßig um Kaufleute[148] handelt ohne weiteres möglich. Das deutsche IPR (vgl. Art. 27 Abs. 1 EGBGB) gestattet die Wahl deutschen Rechts, auch wenn kein Bezug zur deutschen Rechtsordnung vorhanden ist[149], also insbesondere auch dann, wenn keine der beteiligten Parteien ihren Sitz in Deutschland hat. Es wird jedoch davon berichtet, dass die Aufnahme von Rechtswahlklauseln in Patronatsverträge unüblich sei[150]. Fehlt eine Rechtswahl, so muss ein deutsches Gericht, schon um über seine Zuständigkeit zu entscheiden[151], die Frage des anwendbaren Rechts klären.

Mit Annahme des in der Patronatserklärung enthaltenen Angebotes kommt zwischen Patron und Kreditgeber ein Vertrag zustande. Das auf diesen Vertrag anzuwendende Recht bestimmt sich bei Fehlen einer Rechtswahlverein-

---

[145] Vgl. Amelung/Sorocean, RIW 1996, 668.
[146] Vertragshandbuch-Schütze, S. 426. Schütze (a.a.O.) weist auch darauf hin, dass wegen der Bekanntheit von Patronatserklärungen im deutschen Rechtskreis eine Wahl deutschen Rechts und die Vereinbarung deutscher Gerichtsbarkeit angebracht sind.
[147] Vgl. die Formulierungsvorschläge bei BuB-Wittig, Rz. 4/2907 ff.
[148] Soweit es sich bei dem Kreditgeber um ein Kreditinstitut handelt, ist die Kaufmannseigenschaft nach § 1 Abs. 1 KWG Voraussetzung; auch die Muttergesellschaft (Patron) wird regelmäßig kraft Gesetzes Kaufmann sein (§§ 3 Abs. 1 AktG; 13 Abs. 1 GmbHG). Patronatserklärungen von natürlichen Personen (vgl. OLG Nürnberg, Urt. v. 9.12.1998 – 12 U 2626/98, IPrax 1999, 464) stellen die Ausnahme dar.
[149] Palandt-Heldrich, EGBGB 27, Rz. 3.
[150] Vertragshandbuch-Schütze, S. 426; Wolf, IPrax 2000 477, 481.
[151] Beruft sich die klagende Partei auf eine Gerichtsstandsvereinbarung, so muss das angerufene Gericht die Wirksamkeit dieser Vereinbarung gemäß Art. 27 Abs. 4 und Art. 31 Abs. 1 EGBGB nach dem gewählten Recht beurteilen, vgl. Palandt-Heldrich, EGBGB 27, Rz. 8. Liegt keine Gerichtsstandsvereinbarung vor und beruft sich die klagende Partei auf § 29 ZPO, so stellt sich die Frage, ob der Erfüllungsort sich nach deutschem Recht bestimmt.

barung nach Art. 28 EGBGB[152]. Dabei spricht nach Art. 28 Abs. 2 EGBGB eine widerlegliche Vermutung dafür, dass das Recht des Staates anzuwenden ist, in dem die Partei ihren Sitz hat, welche die vertragstypische Leistung zu erbringen hat. Im Falle der Ausstattungsverpflichtung hat – jedenfalls formal gesehen – allein der Patron eine Leistung zu erbringen. Die Vermutung des Art. 28 Abs. 2 EGBGB spricht daher für eine Anwendbarkeit des Rechts des Patrons. Nach fast einhelliger Ansicht in der Literatur[153] soll der aus der so genannten Ausstattungsverpflichtung folgende Vertrag auch die engsten Verbindungen zum Sitzstaat des Patrons aufweisen, sodass eine Widerlegung der Vermutung des Art. 28 Abs. 2 EGBGB nicht in Betracht kommen und das Recht des Patrons anwendbar sein soll. Dem ist zu widersprechen.

Gemäß Art. 28 Abs. 5 EGBGB gilt die Vermutung nach Abs. 2 dieser Vorschrift nicht, wenn sich aus der Gesamtheit der Umstände ergibt, dass der Vertrag eine engere Bindung zum Recht eines anderen Staates aufweist. Auch wenn die so genannte Ausstattungsverpflichtung zumindest im Ansatz kollisionsrechtlich eigenständig zu beurteilen ist, können deshalb bei der Bestimmung des anzuwendenden Rechts weitere Umstände einfließen. Zu diesen Umständen zählt insbesondere der Kreditvertrag zwischen Kreditgeber und Protégé, zu dessen Absicherung die Patronatserklärung verwendet wird. Gleich ob man die so genannte Ausstattungsverpflichtung wörtlich auslegt oder der hier vertretenen Ansicht folgt, dient die Erklärung der Absicherung des Interesses des Kreditgebers an der ordnungsgemäßen Durchführung des Kreditverhältnisses mit dem Protégé. In Anbetracht des Konzernhintergrundes, vor dem das Geschäft sich abspielt, kann man den Patron sogar als wirtschaftlichen Kreditnehmer bezeichnen. Wegen der nach allen Ansichten bestehenden weitgehenden Akzessorietät zwischen der Kreditverbindlichkeit und der Verpflichtung des Patrons ist es für den Kreditgeber wesentlich, gegen Patron und Protégé unter der Geltung der selben Rechtsordnung und möglichst vor dem selben Gericht vorgehen zu können. Vor diesem Hinter-

---

[152] Eine Qualifikation von gegenüber der Allgemeinheit abgegebenen Patronatserklärungen als nichtvertragliche Schuldverhältnisse erwägt Wolf, IPrax 2000, 477, 480.

[153] MünchKomm-Martiny, Art. 28 EGBGB, Rz. 234; Staudinger-Magnus, Art. 28 EGBGB, Rz. 510; Palandt-Heldrich, EGBGB 28, Rz. 20; Rippert, S. 153 ff., insbes. 156; v. Westphalen, Exportfinanzierung, S. 395; Soergel-von Hoffmann, Art. 28 EGBGB, Rz. 309; Rümker, WM 1974, 990, 994; Jander/Hess, RIW 1995, 730, 735; Wolf, IPrax 2000, 477, 482. Zweifelnd allein Vertragshandbuch-Schütze, der eine Anknüpfung nach dem „Recht des Stärkeren" (Kreditgeber) erwägt, da der Kreditgeber die Anwendung seiner Rechtsordnung durchgesetzt hätte, wäre diese Frage bei Abfassung der Erklärung bedacht worden.

grund ist eine akzessorische Anknüpfung an das Statut der Kreditverbindlichkeit zu erwägen.

Eine akzessorische Anknüpfung kann bei Sicherungsverträgen geboten sein, um eine Rechtsaufspaltung zwischen der besicherten Verbindlichkeit und dem Sicherungsgeschäft zu vermeiden. Sie kommt in Betracht, wenn nicht die Kollisionsnorm etwas anderes gebietet[154]. Im Falle von Personalsicherheiten steht die Kollisionsnorm des Art. 28 EGBGB regelmäßig einer akzessorischen Anknüpfung im Wege[155]. Der Schuldner einer Personalsicherheit, etwa ein Bürge, erbringt die ihm obliegende Leistung (Zahlung) von seinem Geschäftssitz aus. Der zugrunde liegende Vertrag weist damit grundsätzlich die engsten Verbindungen zu der Rechtsordnung auf, die am Geschäftssitz des Schuldners gilt. Es sind jedoch Ausnahmen möglich. Namentlich bei Garantieverträgen, zu denen die so genannte Ausstattungsverpflichtung nach hier vertretener Ansicht gehört, kann eine akzessorische Anknüpfung geboten sein. Dies gilt, wenn bei dem Sicherungsgeschäft nicht das Interesse des Garanten an der Erkenntlichkeit seiner Verpflichtung, sondern das Interesse des Garantienehmers, den Wert der Garantie einschätzen zu können, im Vordergrund steht[156]. Eine solche Situation ist bei Verwendung von Patronatserklärungen gegeben. Im Falle der Ausstattungsverpflichtung ist der Umfange der Haftung des Patrons, zumindest wenn man der hier vertretenen Auffassung folgt, klar erkenntlich. Der Patron haftet für den noch offenen Teil der Kreditforderung gegen seine Tochtergesellschaft (Protégé). Dagegen hat der Kreditgeber wegen der erläuterten Risiken der Konzernkreditvergabe ein essenzielles Interesse daran einschätzen zu können, ob die Ausstattungsverpflichtung ihm eine verlässliche Zugriffsmöglichkeit auf das Vermögen des Patrons gibt. Jedenfalls dann, wenn man die so genannte Ausstattungsverpflichtung als Garantievertrag einordnet, kommt also eine akzessorische Anknüpfung in Betracht.

Aber auch dann, wenn man daran festhielte, dass mit der Ausstattungsverpflichtung primär eine Verpflichtung zur Ausstattung des Protégés begrün-

---

[154] Zum Begriff und zu den Voraussetzungen der akzessorischen Anknüpfung vgl. MünchKomm-Sonnenberger, Einl. IPR, Rz. 610. Kategorisch gegen eine akzessorische Anknüpfung bei Patronatsverträgen: Wolf, IPrax 2000, 477, 483, der meint, die Interessen des Patrons würden kollisionsrechtlich übergangen, wenn man das Verhältnis zwischen Kreditgeber und Protégé anknüpfe.
[155] Für den Bereich der Bürgschaft vgl. MünchKomm-Martiny, Art. 28 EGBGB, Rz. 220, m.w.N.
[156] BGH, Urt. v. 13.6.1996 – IX ZR 172/95, NJW 1996, 2569, 2570.

det wird, würde Art. 28 EGBGB nicht zwingend zu einer Anwendung des Sitzrechts des Patrons führen. Hier wäre zu beachten, dass die angenommene Pflicht zur Ausstattung, anders als eine Bürgschaft oder Garantie, nicht allein eine Pflicht zur Zahlung begründen würde. Der Patron soll den Protégé auch ausstatten können, indem er dessen Kapital erhöht, ihn mit Sachmitteln versorgt oder für Drittmittel bürgt[157] und mithin in der Rechtsordnung des Protégés tätig wird. Hierin könnte ein Umstand im Sinne des Art. 28 Abs. 5 EGBGB gesehen werden der es gestattet, eine engere Verbindung zum Sitzrecht des Protégés anzunehmen, welches oftmals auch das Statut der Darlehensverbindlichkeit sein dürfte.

Ergänzend ist auf Folgendes hinzuweisen: Wenn auch die Patronatserklärung möglicherweise einer Rechtswahl- und Gerichtsstandsklausel ermangelt, so ist doch davon auszugehen, dass häufig solche Klauseln zumindest in dem Kreditvertrag mit dem Protégé vorhanden sind. Es ist aber anerkannt, dass eine stillschweigende Rechtswahl vorliegen kann, wenn ein Vertrag ohne Rechtswahlklausel auf einen anderen Vertrag verweist oder mit einem anderen Vertrag verknüpft ist, der eine Rechtswahlklausel enthält[158]. Die gängige Formulierung der so genannten Ausstattungsverpflichtung verweist auf den Kreditvertrag mit dem Protégé[159]. Darüber hinaus besteht auch eine Verknüpfung zwischen beiden Verträgen, da die Herauslegung des Darlehens an den Protégé zumindest wirtschaftlich gesehen von der Abgabe der Patronatserklärung durch den Patron abhängt. Auch unter diesem Aspekt könnte sich daher eine Anwendbarkeit des Rechts der Darlehensverbindlichkeit auf die Ausstattungsverpflichtung ergeben.

Im Ergebnis ist daher festzuhalten, dass, gleich welcher Auslegung der so genannten Ausstattungsverpflichtung man folgt, auf diese Verbindlichkeit das selbe Recht wie auf die Darlehensverbindlichkeit anzuwenden ist. Beim Darlehensvertrag erbringt der Darlehensgeber die charakteristische Leistung[160]. Deswegen ist auf Ausstattungsverpflichtungen, die zur Besicherung von Krediten inländischer Kreditgeber verwendet werden, regelmäßig deutsches Recht anzuwenden.

---

[157] Stecher, S. 33 ff.; Bordt, WpG 1975, 285, 289.
[158] Staudinger-Magnus, Art. 27 EGBGB, Rz. 81.
[159] Vgl. die Formulierungsvorschläge bei BuB-Wittig, Rz. 2907 ff.
[160] Palandt-Heldrich, EGBGB 28, Rz. 12. Bei Verbraucherdarlehen (Art. 29 Abs. 2 EGBGB) ist dies allerdings nicht wesentlich.

2. Folgen der Anwendbarkeit deutschen Rechts

Die nach dem eben Gesagten regelmäßig gegebene Anwendbarkeit deutschen Rechts hat Folgen für die materiellrechtliche und prozessuale Behandlung von auf eine Ausstattungsverpflichtung gestützten Ansprüchen des Kreditgebers.

Was die materiellrechtliche Seite anbelangt kann weitgehend auf die zuvor gemachten Ausführungen verwiesen werden. Bezüglich des Vertragsschlusses gelten die allgemein für alle Patronatserklärungen ausgeführten Grundsätze. Es ist eine explizite Annahme des mit der Patronatserklärung vorliegenden Angebotes zu empfehlen[161]. Die Annahme kann aber auch konkludent oder nach § 151 BGB erfolgen. Da es sich bei der Ausstattungsverpflichtung um eine Garantie handelt, ist die Formvorschrift des § 766 BGB nicht[162], auch nicht analog[163], anzuwenden. Formvorschriften spielen daher nur bei Aufnahme einer Gerichtsstandsvereinbarung eine Rolle (vgl. § 38 ZPO, Art. 23 Abs. 1 EuGVO[164]). Da jedenfalls die Patronatserklärung regelmäßig schriftlich abgegeben wird[165] dürften diese Vorschriften erfüllt sein[166]. Ansonsten entspricht der Prozessstoff der üblichen Situation bei Inanspruchnahme des Forderungsgaranten. Der Garant hat nach deutschem Recht für den Eintritt eines bestimmten Erfolges einzustehen, wobei er auch für nicht typische Zufälle haftet. Im Falle der Ausstattungsverpflichtung haftet der Garant (Patron) dafür, dass der Erfolg der ordnungsgemäßen Kreditrückführung

---

[161] Vgl. die als „Empfangsbestätigung" bezeichnete vorformulierte Erklärung bei BuB-Wittig, Rz. 4/2909.

[162] Eine Anwendung der Formvorschriften des Bürgschaftsrechts auf die Garantie kommt nicht in Betracht. Vgl. statt aller: Palandt-Sprau, vor § 765, Rz. 16.

[163] Eine analoge Anwendung des § 766 BGB erwägt allein Schäfer (WM 1999, 153, 156). Das Problem ist aber jedenfalls wegen § 350 HGB von geringer Relevanz.

[164] Die so genannte Brüssel-I-VO (ABl. EG Nr. L 12 vom 16.1.2001, S. 1) ist mit dem 1.3.2002 an die Stelle des EuGVÜ getreten. Zu Veränderungen gegenüber der bisherigen Rechtslage vgl. Piltz, NJW 2002, 789. Soweit keine der Parteien ihren Sitz im Anwendungsbereich dieser Verordnung hat, kommt sowohl kaufmännische Prorogation nach § 38 Abs. 1 ZPO als auch Prorogation nach § 38 Abs. 2 ZPO in Betracht. Die Ansicht, die in Art. 38 Abs. 2 ZPO eine abschließende Regelung für die internationale Prorogation sieht (Zöller-Vollkommer, § 38, Rz. 25 m.w.N.) ist abzulehnen, da sie dem Wortlaut der Vorschrift widerspricht.

[165] Swinne, S. 121.

[166] Vgl. LG Berlin, Urt. v. 18.2.2000 – 94 O 93/99, WM 2000, 1060 m. zust. Anm. Haß, IPrax 2000, 494. Zum Genügen der „halben Schriftlichkeit" vgl. auch Zöller-Vollkommer, § 38, Rz. 27.

durch den Protégé eintritt. Wird die Darlehensforderung gegen den Protégé uneinbringlich, kann der Kreditgeber den Patron in Anspruch nehmen. Der Anspruch des Garantienehmers bestimmt sich nach den Grundsätzen des Schadenersatzrechts (§§ 249 ff. BGB)[167]. Der Patron kann also den Schaden geltend machen, den er durch den Ausfall des Protégés erleidet. Dies ist der noch offene Teil der Kreditforderung zuzüglich Zinsen bis zum Laufzeitende. Daneben kann der Kreditgeber auch gemäß § 252 BGB einen Anspruch wegen weiterem entgangenem Gewinn geltend machen, wenn der nachweisen kann, dass er verspätet gezahlte Beträge anderweitig Gewinn bringend verwendet hätte. Die Bezifferung dieser Schadensposten macht – im Gegensatz zu einem Anspruch auf Ausstattung des Protégés – keine besonderen Schwierigkeiten. Auch kann der Garantieanspruch gegen den Patron unproblematisch im Wege der Leistungsklage geltend gemacht werden. Sofern allerdings zunächst auf Ausstattung des Protégés geklagt worden ist, müsste der Antrag des Kreditgebers entsprechend geändert werden. Hierin würde zumindest dann keine Klageänderung liegen, wenn nach Klageerhebung die Insolvenz des Protégés eingetreten ist. Es würde dann statt des ursprünglich eingeforderten Gegenstandes das Interesse gefordert (§ 264 Nr. 3 ZPO).

3. Gleichzeitiges Vorgehen gegen Patron und Protégé

Im Rahmen der der Ausstattungsverpflichtung zugrunde liegenden Finanzierungskonstellation ist der Patron Gläubiger zweier Ansprüche. Er hat einen Anspruch gegen den Protégé auf Darlehensrückzahlung und es steht ihm der Garantieanspruch gegen den Patron zu. Diese doppelte Gläubigerstellung ist für den Patron wesentlich, da es ihm wegen der Möglichkeiten der Verschiebung von Kapital im Konzern darauf ankommen muss, zeitnah sowohl auf das Vermögen des Patrons wie auch auf das des Protégés zugreifen zu können. In dieser Zugriffsmöglichkeit ist der Patron allerdings insoweit gehindert, als er auf das Vermögen des Patrons erst dann zugreifen kann, wenn die Uneinbringlichkeit der Kreditforderung gegen den Protégé feststeht. Diese Uneinbringlichkeit müsste der Kreditgeber im Zahlungsprozess gegen den Patron beweisen. Soweit nicht bereits das Insolvenzverfahren über das Vermögen des Protégés eröffnet worden ist oder andere Beweismöglichkeiten offen stehen, wäre für diesen Beweis ein Prozess gegen den Protégé notwendig, der eventuell auch vor einem anderen Gericht als der Prozess gegen den Patron zu führen wäre. Die Führung zweier getrennter Prozesse gegen Patron

---

[167] Palandt-Sprau, vor § 765, Rz. 18.

und Protégé wäre für den Kreditgeber aber ungünstig. Abgesehen von dem prozessualen Mehraufwand droht angesichts enger Verflechtungen im Konzern möglicherweise nicht nur die Insolvenz des Protégés, sondern auch die des Patrons.

Der Patron kann jedoch auch gleichzeitig und vor dem selben Gericht gegen Patron und Protégé vorgehen. Die Möglichkeit, Patron und Protégé vor dem selben Gericht zu verklagen ergibt sich zunächst daraus, dass beide Konzerngesellschaften am selben Gerichtsstand des Erfüllungsortes (§ 29 ZPO) verklagt werden können. Zwar liegt bei Anwendbarkeit deutschen Rechts der Erfüllungsort einer Geldschuld in Form einer Garantie gemäß den §§ 269, 270 Abs. 4 BGB am Sitz des Garanten (Patron) und der Erfüllungsort der Darlehensverbindlichkeit am Sitz des Darlehensschuldners (Protégé). Dies gilt aber nur, wenn aus den Umständen nichts anderes zu entnehmen ist (§ 269 Abs. 1 BGB). Im Falle der Ausstattungsverpflichtung würden unterschiedliche Erfüllungsorte der Kreditverbindlichkeit des Protégés einerseits, und der Verpflichtung des Patrons andererseits, die Möglichkeit des Patrons beeinträchtigen, beide Konzerngesellschaften vor dem selben Gericht zu verklagen und so seinen angesichts des hier gegebenen Konzernhintergrundes berechtigten Sicherungsinteressen zuwiderlaufen. Aus den selben Erwägungen, die bereits im Rahmen des Art. 28 Abs. 5 EGBGB angestellt wurden kann aber angenommen werden, dass, in Ermangelung einer expliziten Regelung im Patronatsvertrag, zwischen Patron und Kreditgeber ein anderer Erfüllungsort für die Verbindlichkeit des Patrons vereinbart worden ist, der mit dem Gerichtsstand des Protégés zusammenfällt[168].

Auch könnte der Kreditgeber eine streitgenössische Klage (§ 60 ZPO) gegen Patron und Protégé erwägen. Die Zulässigkeit einer gemeinsamen Klage gegen Patron und Protégé ergibt sich daraus, dass dies, wie Hauptschuldner und

---

[168] Soweit sich aus den Umständen nicht herleiten lässt, dass die Erfüllungsorte von Kreditverbindlichkeit und Garantieverpflichtung nach dem Parteiwillen zusammenfallen sollten, bliebe dem Kreditgeber bei Fehlen einer Gerichtsstandsvereinbarung nur, den im Ausland ansässigen Patron im Inland am Gerichtsstand des § 23 ZPO zu verklagen. Als inländisches Vermögen käme hier die Beteiligung des Patrons an dem Protégé in Betracht. Dieser Weg wäre aber zumindest dann mit Risiken verbunden, wenn der Protégé bereits insolvent geworden ist. Es ist umstritten, ob geringwertige oder wertlose Vermögensgegenstände einen Gerichtsstand im Inland begründen können. Für ein Vorliegen von Vermögen auch bei geringwertigen Gegenständen: BGH, Urt. v. 2.7.1991 – XI ZR 206/90, BGHZ 115, 90, 93. Kritisch: Zöller-Vollkommer, § 23, Rz. 7.

Bürge[169], Schuldner zumindest weitgehend akzessorisch verbundener Verbindlichkeiten sind[170]. Es handelt sich um einen Fall nicht notwendiger Streitgenossenschaft, da weder prozessrechtliche noch materiellrechtliche Gründe vorliegen, aus denen gegenüber Patron und Protégé einheitlich entschieden werden müsste. Vielmehr ist es zumindest möglich, dass nur der Protégé und nicht der Patron zur Zahlung verurteilt wird, wenn sich im Prozess herausstellt, dass der Protégé nicht zahlungsunfähig war. Beruht die Nichtleistung des Protégés aber auf Zahlungsunfähigkeit, so ist die Klage gegen beide Streitgenossen begründet. Dies führt zu den bekannten[171] Problemen einer Tenorierung von Urteilen gegen streitgenössische Schuldner akzessorischer Forderungen. Obwohl weder durch eine Bürgschaft, noch durch eine Ausstattungsverpflichtung ein echtes Gesamtschuldverhältnis im Sinne des § 421 BGB zwischen dem Hauptschuldner und dem Interzedenten begründet wird, erscheint es gerechtfertigt, Patron und Kreditgeber wie im Falle von Bürge und Hauptschuldner „wie Gesamtschuldner" oder als „unechte Gesamtschuldner"[172] zu verurteilen. Nur so wird in dem Urteil deutlich, dass der klagende Kreditgeber wegen der Verbundenheit von Kreditforderung und Einstandspflicht des Patrons die Leistung nur einmal zu bekommen hat. Deswegen sind Patron und Protégé auch nicht gesamtschuldnerisch in die Kosten zu verurteilen[173]. Tritt allerdings der von dem Kreditgeber befürchtete Fall nachfolgender Insolvenzen von Patron und Protégé ein, so hindert die mangelnde Gesamtschuldnerschaft zwischen diesen nicht, dass der Kreditgeber in beiden Insolvenzverfahren seine volle Forderung anmelden kann. Dies resultiert daraus, dass § 43 InsO keine echte Gesamtschuld voraussetzt[174].

---

169 Zur Streitgenossenschaft bei diesen vgl. Zöller-Vollkommer, § 60, Rz. 5.
170 Ist der Protégé im Inland, der Patron aber im Ausland ansässig, so ergibt sich die Zulässigkeit der streitgenössischen Klage gegen den Patron aus Art. 6 Nr. 1 EuGVO. Die Vorschrift gilt auch für Streitgenossen, die ihren Sitz außerhalb des Anwendungsbereiches der EuGVO haben. Vgl. Zöller-Vollkommer, § 38, Rz. 27 und Zöller-Geimer, Art. 2 EuGVO, Rz. 10.
171 Vgl. schon Schneider, MDR 1967, 353.
172 OLG Hamburg, Urt. v. 6.5.1966 – 6 U 194/65, MDR 1967, 50.
173 Zu der Kostenfrage bei streitgenössisch verurteiltem Bürgen und Hauptschuldner vgl. BGH, Urt. v. 12.7.1955 – V ZR 74/54, NJW 1955, 1398.
174 Zur Anwendung des wortlautgleichen § 68 KO bei Insolvenz von Patron und Protégé vgl. BGH, Urt. v. 30.1.1992 – IX ZR 112/91, NJW 1992, 2093, 2095.

D. Schlussbetrachtung

Der Umstand, dass es sich bei dem Begriff Patronatserklärung um einen Sammelbegriff[1] handelt, und dass unter diesem Begriff eine Vielzahl von Erklärungen mit unterschiedlichen Rechtsfolgen und unterschiedlichem Sicherheitswert gefasst werden ist zwar nicht zu begrüßen, muss aber als Tatsache der Rechtspraxis akzeptiert werden. Zwar passt die historisch mit dem Begriff Patronat verbundene Vorstellung einer Schirmherrschaft weder auf „harte" Patronatserklärungen[2], mit denen eine weit gehende Haftung des Patrons begründet wird noch auf „weiche" Erklärungsformen, die etwa zu Auskunftsverträgen führen können, und auch nicht auf die „sehr weichen" Erklärungsformen, die – jedenfalls für sich genommen – keine Rechtsfolgen zeitigen. Auch hat sich in dieser Arbeit gezeigt, dass Patronatserklärungen keine Kreditsicherheiten sui generis darstellen und besser als das bezeichnet werden sollten, was sie tatsächlich darstellen: Auskunfts-, Bürgschafts-, Garantie- und sonstige Verträge oder bloße Beruhigungserklärungen. Die Verwendung von Patronatserklärungen in der Praxis geht jedoch seit mehr als 30 Jahren mit der Wahl von möglicherweise absichtlich[3] unklaren Formulierungen einher, sodass zu vermuten ist, dass bei der Rechtsanwendung weiterhin die in dieser Arbeit beschriebenen Auslegungsprobleme auftreten werden.

Bei der Betrachtung der verschiedenen Formen von Patronatserklärungen in dieser Arbeit hat sich gezeigt, dass der Konzernhintergrund, vor dem diese Erklärungen verwendet werden, stets zu berücksichtigen ist. Obgleich in Deutschland auf dem Feld der Patronatserklärungen zumindest kein „juristisches Dunkel"[4] mehr herrscht und die Rechtsprechung bei der Behandlung solcher Erklärungen zu interessengemäßen Ergebnissen gelangt[5], würde ein

---

[1] Bülow, Rz. 1399; BuB-Wittig, Rz. 4/2855; MünchKomm-Habersack, vor § 765, Rz. 44; Schneider, ZIP 1989, 619, 620; Staudinger-Horn, vor §§ 765 ff., Rz. 405.
[2] Der Begriff „harte Patronatserklärung" beschränkt sich allerdings auf die so genannte Ausstattungsverpflichtung und wird synonym für diese gebraucht. Vgl. Erman-Seiler, vor § 765, Rz. 24; Kamprad, DB 1969, 327; MünchKomm-Habersack, vor § 765, Rz. 45; BuB-Wittig, Rz. 4/2868; Reinicke, S. 429.
[3] Bordt, WpG 1975, 28; Limmer, DStR 1993, 1751.
[4] Kohout, S. 2.
[5] Vgl. LG Berlin, Urt. v. 18.2.2000 – 94 O 93/99, WM 2000, 1060, 1061 wo richtigerweise (allerdings im Rahmen des § 280 Abs. 1 BGB a.F.) auf den „Garantiecha-

vermehrtes Abstellen auf die Hintergründe der Verwendung die Behandlung solcher Erklärungen in der Rechtspraxis erleichtern. Dies gilt sowohl in Bezug auf die „weichen" und „sehr weichen" Erklärungsformen wie auch in Bezug auf die so genannte Ausstattungsverpflichtung.

Die Untersuchung der bei der Verwendung von Patronatserklärungen vorliegenden Finanzierungskonstellation in dieser Arbeit hat gezeigt, dass bei der Verwendung dieser Erklärungen nicht allein die Marktmacht des Patrons auf dem Kreditmarkt oder eine „Kalkulation mit der Rechtsunsicherheit"[6] im Vordergrund steht. Vielmehr beruht die Entscheidung zur Kreditvergabe an die Konzernuntergesellschaft (Protégé) und zur Besicherung über eine Patronatserklärung auf einem Konsens, von dem sich alle Seiten Vorteile erhoffen. Dabei spielen eine Fülle von wirtschaftlichen, steuerlichen und juristischen Aspekten eine Rolle. Für die Auslegung von Patronatserklärungen entscheidend ist die Tatsache, dass Umgehungsgesichtspunkte, namentlich im Hinblick auf § 251 HGB und § 18 Abs. 1 KWG, eine Rolle spielen, der Patron aber dennoch der „wirtschaftliche Kreditnehmer" bleibt.

Hieraus ergibt sich zunächst die Konsequenz, dass jeder Patronatserklärung, abgesehen von einem auf dem „standing" des Patrons beruhenden „moralischen" Sicherheitswert, auch ein Sicherheitswert im Sinne einer juristisch zumindest möglichen Haftung des Patrons zukommt. Selbst bei Verwendung von „sehr weichen" Patronatserklärungen können Aufklärungspflichten des Patrons entstehen. Diese Pflichten können zwar nicht direkt aus einer „sehr weichen" Patronatserklärung folgen, wohl aber aus einem Vertrauensverhältnis, bei dessen Entstehung eine Patronatserklärung – gleich welcher Art – eine Rolle gespielt hat. Von daher ist es richtig zu sagen, dass auch die Verwendung „weicher" und „sehr weicher" Erklärungsformen „dem Patron zur Gefahr und dem Kreditgeber zur Chance werden kann"[7].

Im Bezug auf die so genannte Ausstattungsverpflichtung führt der Blick auf die Hintergründe der Konzernfinanzierung zu Zweifeln an der üblichen wortlautgetreuen Auslegung dieser Patronatserklärung. Eine Verpflichtung des

---

rakter" der so genannten Ausstattungsverpflichtung abgestellt wird. Ähnlich das OLG Nürnberg (Urt. v. 9.12.1998 – 12 U 2626/98, IPrax 1999, 464, 466), wo vor dem Hintergrund eines insolvenzbedingten Vergleiches zwischen Kreditgeber und Protégé unter Hinweis auf „Sinn und Zweck der Erklärung" das Bestehen von Einschränkungen der Akzessorietät zwischen der Verpflichtung des Patrons und der des Protégés festgestellt wird.

6 Kohout, S. 22.
7 Fried, S. 258.

Patrons zur „Ausstattung" des Protégés würde dem Kreditgeber nichts nützen. Auch eine als Kreditsicherheit sui generis verstandene Ausstattungsverpflichtung würde den Kreditgeber nicht in die Lage versetzen den Risiken von Kapitalverschiebungen im Konzern entgegenzuwirken. Mangels Kenntnis der Betriebsinterna von Patron und Protégé könnte er weder das Stattfinden einer „Ausstattung" überprüfen noch ihre Durchführung im Wege der Klage erzwingen. Da dies den an der Vereinbarung von Patronatserklärungen beteiligten „professionellen Vertragsschließenden"[8] bekannt sein dürfte, liegt eine nicht dem Wortlaut verhaftete Auslegung der so genannten Ausstattungsverpflichtung nahe. Folgt man der hier vertretenen Ansicht und legt die so genannte Ausstattungsverpflichtung als Garantieerklärung aus, so stellen sich nicht die Probleme der hinreichenden Bestimmtheit der Ausstattungsverpflichtung, die ansonsten geeignet sind, der Praxis Probleme[9] zu bereiten.

Eine Auslegung der so genannten Ausstattungsverpflichtung als Garantieerklärung würde auch zu sachgerechteren Ergebnissen bei der Beurteilung von im internationalen Rechtsverkehr verwendeten Patronatserklärungen führen. Während die wörtliche Auslegung der so genannten Ausstattungsverpflichtung zu einer Anwendbarkeit des Sitzrecht des Patrons führen soll[10], wäre bei einer Einordnung als Garantie eine Anknüpfung an das Statut der Darlehensverbindlichkeit möglich. Dies würde dem evidenten Interesse des Kreditgebers, gegen Patron und Protégé unter der selben Rechtsordnung vorgehen zu können, Rechnung tragen.

---

[8] Esser/Weyers, § 40 V (S. 360).
[9] Vgl. LG München I, Urt. v. 2.3.1998 – 11 HKO 20623/97, WM 1998, 1285, wo die hinreichende Bestimmtheit einer wörtlichen verstandenen Ausstattungsverpflichtung mit der Folge verneint wurde, dass trotz des offensichtlich auf eine Kreditbesicherung gerichteten Parteiwillens eine Haftung des Patrons für die Verbindlichkeit des Protégés ausscheiden musste. Vgl. zu diesem Urteil auch die ablehnende Anmerkung von Schröter, in: WuB I F 1 c. 1-98.
[10] MünchKomm-Martiny, Art. 28 EGBGB, Rz. 234; Staudinger-Magnus, Art. 28 EGBGB, Rz. 510; Palandt-Heldrich, EGBGB 28, Rz. 20; Rippert, S. 153 ff., insbes. 156; v. Westphalen, Exportfinanzierung, S. 395; Soergel-von Hoffmann, Art. 28 EGBGB, Rz. 309; Rümker, WM 1974, 990, 994; Jander/Hess, RIW 1995, 730, 735; Wolf, IPrax 2000, 477, 482.

Literaturverzeichnis

Altenburger, Peter R.: Die Patronatserklärung als unechte Personalsicherheit, Univ. Diss. Basel, Zürich, 1979

Amelung, Ulrich / Sorocean Michael: Patronatserklärungen zugunsten ausländischer Tochtergesellschaften, RIW 1996, 668

Bärmann, Johannes (Hrsg.): Recht der Kreditsicherheiten in europäischen Ländern, Berlin, 1. Aufl. 1976

Baumbach, Adolf / Lauterbach, Wolfgang: Zivilprozessordnung, München, 60. Aufl. 2002

Baumgärtel, Gottfried: Beweislastpraxis im Privatrecht: Die Schwierigkeiten der Beweislastverteilung und die Möglichkeiten ihrer Überwindung, Köln u.A., 1. Aufl. 1996

Bernuth, Wolf H v.: Harte Patronatserklärungen in der Klauselkontrolle, ZIP 1999, 1501

Bordt, Karl: Die Bedeutung von Patronatserklärungen für die Rechnungslegung, WpG 1975, 285

Bülow, Peter: Recht der Kreditsicherheiten, Heidelberg, 5. Aufl. 1999

Canaris, Claus-Wilhelm: Die Vertrauenshaftung im deutschen Privatrecht, München, 1. Aufl. 1971
- Lehrbuch des Schuldrechts (begr. von Karl Larenz), 13. Aufl., zweiter Band, Besonderer Teil, 2. Halbband, München, 1994

Dilger, Eberhard: Patronatserklärungen im englischen Recht, RIW 1988, 908 und RIW 1989, 573

Emmerich Volker / Sonnenschein, Jürgen: Konzernrecht, München, 5. Aufl., 1993

Erler, Adalbert / Kaufmann, Ekkehard (Hrsg.): Handwörterbuch zur deutschen Rechtsgeschichte, Band 3, Berlin, 1. Aufl., 1984

Erman: Bürgerliches Gesetzbuch (Herausgeber: Westermann, Harm Peter), Münster, Köln, 10. Aufl. 2000, zitiert: Erman-Bearbeiter

Esser, Josef / Weyers, Hans-Leo: Schuldrecht, Band II, Besonderer Teil, Heidelberg, 8. Aufl. 1998

Fleischer, Holger: Gegenwartsprobleme der Patronatserklärung im deutschen und europäischen Privatrecht, WM 1999, 666

Flick, Hans / Wassermeyer, Franz / Becker, Helmut: Kommentar zum Außensteuerrecht, Köln, Loseblattsammlung

Flume, Werner: Allgemeiner Teil des bürgerlichen Rechts, 2. Bd.: Das Rechtsgeschäft, Berlin, 2. Aufl. 1975

Fried, Jörg: Die weiche Patronatserklärung, Berlin, 1. Aufl. 1998, zugl. Univ. Diss. Tübingen, 1996

Früh, Andreas: Die Bonitätsprüfung nach § 18 Kreditwesengesetz (neu), WM 1995, 1701

Geigy-Werthemann, Catherine: Die rechtliche Bedeutung garantieähnlicher Erklärungen von herrschenden Unternehmen im Konzern, in: Festgabe zum Schweizer Juristentag 1973, Basel, 1973, S. 21

Geimer, Reinhold: Anmerkung zum Urteil des BGH v. 30.1.1992, IX ZR 112/91, LM BGB § 305 Nr. 57

Gerkan, Hartwin v.: Kurzkommentar zum Urteil des OLG Karlsruhe vom 7.8.1992 – 15 U 123/91, in: EWiR 1992, 1155

Gerth, Axel: Atypische Kreditsicherheiten – Liquiditätsgarantien und Patronatserklärungen deutscher und ausländischer Muttergesellschaften, Frankfurt a.M., 2. Aufl. 1980

– Anmerkung zum Urteil des OLG Karlsruhe v. 7.8.1992 – 15 U 123/91, in: WuB I F 1 c. – 2-93

Goette, Wulf: Anmerkung zum Beschluss des BGH vom 12.7.1993, II ZR 179/92, in: DStR 1993, 1753

Götz, Alexander: Juristische und ökonomische Analyse des Eigenkapitalersatzrechts, Univ. Diss., Tübingen, 2000

Haarmeyer, Hans / Wutzke, Wolfgang / Förster, Karsten: Handbuch zur Insolvenzordnung, München, 3. Aufl. 2001

Habersack, Mathias: Patronatserklärungen ad incertas personas, ZIP 1996, 257

Haß, Detlef: Zur internationalen Gerichtsstandsvereinbarung in einer Patronatserklärung, IPrax 2000, 494

Hauptfachausschuss des Instituts der Wirtschaftsprüfer (IdW): Stellungnahme HFA 2/76: Zur aktienrechtlichen Vermerk- und Berichterstattungspflicht bei Patronatserklärungen gegenüber dem Kreditgeber eines Dritten, WpG 1976, 528

Heck, Philip: Gesetzesauslegung und Interessenjurisprudenz, AcP 112 (1914), 1

Hellner, Thorwald / Steuer, Stephan: Bankrecht und Bankpraxis, Köln, Loseblatt, zitiert: BuB-Bearbeiter

Horn, Janpeter: Patronatserklärungen im common law und im deutschen Recht, Univ. Diss., Kiel, 1999

Horn, Norbert: Die AGB-Banken 1993, Schriftenreihe der Bankrechtlichen Vereinigung, Band 4, Berlin, New York, 1994

– Zur Zulässigkeit der Globalbürgschaft – Bestimmtheitsgrundsatz und Verbot der Fremddisposition im Bürgschaftsrecht, ZIP 1997, 525

Hüffer, Uwe: Aktiengesetz, München, 2. Aufl. 1995

Jander, Klaus / Hess, Frank Michael: Die Behandlung von Patronatserklärungen im deutschen und amerikanischen Recht, RIW 1995, 730

Jauernig, Othmar (Hrsg.): Bürgerliches Gesetzbuch, München, 10. Aufl. 2003, zitiert: Jauernig-Bearbeiter

Kamprad, Balduin: Gesellschaftssteuerpflicht bei Patronatserklärungen?, DB 1969, 327

Kaser, Max: Römisches Privatrecht – ein Studienbuch, München, 13. Aufl. 1983

Kaulbach, Detlef: Patronatserklärungen in der Versicherungsaufsicht, VersR 1997, 286

Knauer, Christoph: Die Strafbarkeit der Bankvorstände für missbräuchliche Kreditgewährung, NStZ 2002, 399

Köhler, Helmut: Patronatserklärungen als Kreditsicherheit: tatsächliche Verbreitung – wirtschaftliche Gründe – rechtliche Bedeutung, WM 1978, 1338

Kohout, Dagobert: Patronatserklärungen, Univ. Diss., Mainz, 1984

Küffner, Thomas: Patronatserklärungen im Bilanzrecht, DStR 1996, 146

Kußmaul, Heinz: Betriebswirtschaftliche Steuerlehre, München u.a., 2. Aufl. 2000

Larenz, Karl: Allgemeiner Teil des deutschen bürgerlichen Rechts, München, 7. Aufl. 1989, zitiert: Larenz AT
- Methodenlehre der Rechtswissenschaft, Berlin u.a. 1991, zitiert: Larenz, Methodenlehre
- Die Methode der Auslegung des Rechtsgeschäfts, Leipzig, 1930, zitiert: Larenz, Auslegung

Lenz, Hugo Michael: Akkreditive und weitere Zahlungssicherungen im Außenhandel, EuZW 1991, 297

Limmer, Peter: „Harte" und „weiche" Patronatserklärungen in der Konzernpraxis, DStR 1993, 1751
- Anmerkung zum Urteil des OLG Karlsruhe v. 7.8.1992 – 15 U 123/91, in: DStR 1993, 488

Lutter, Marcus (Hrsg.): Handbuch der Konzernfinanzierung, Köln, 1. Aufl. 1998

Lwowski, Hans-Jürgen: Das Recht der Kreditsicherung, Berlin, 8. Aufl. 2000

Mannheimer, Peter-Ulrich: Die Bedeutung des Steuerrechts für die Konzernfinanzierung, Univ. Diss., Darmstadt, 1991

Maslaton, Martin: Rechtsfolgen kommunaler Patronatserklärungen, NVwZ 2000, 1351

Menck, Thomas: Unterkapitalisierung von Kapitalgesellschaften, § 8a KStG und das Einführungsschreiben des BMF vom 15.12.1994, DStR 1995, 393

Michalski, Lutz: Die Patronatserklärung, WM 1994, 1229

Möser, Heinz Dieter: Patronatserklärungen und Kreditwürdigkeit, DB 1979, 1469, 1470

Mosch, Wolfgang: Patronatserklärungen deutscher Konzernmuttergesellschaften und ihre Bedeutung für die Rechnungslegung, Bielefeld, 1978

Müller, Klaus: Die Haftung der Muttergesellschaft für Verbindlichkeiten der Tochtergesellschaft im Aktienrecht, ZGR 1977, 28

Münchener Kommentar zum Bürgerlichen Gesetzbuch, Band 1, Allgemeiner Teil, München, 4. Aufl. 2001
- Band 2, Schuldrecht Allgemeiner Teil, München, 4. Aufl. 2001
- Band 2a, Schuldrecht Allgemeiner Teil, München, 4. Aufl. 2003

- Band 5, Schuldrecht, Besonderer Teil III (§§ 705-853), München, 3. Aufl. 1997
- Band 10, Einführungsgesetz (Art. 1-38), München, 3. Aufl. 1998, zitiert: MünchKomm-Bearbeiter

Obermüller, Manfred: Patronatserklärungen und kapitalersetzende Darlehen, ZIP 1982, 915
- Die Patronatserklärung, ZGR 1975, 1
- Anmerkung zum Urteil des BGH vom 30.1.1992 – IX ZR 112/91, in: WuB 1 F 1 c – 1.92

Palandt: Bürgerliches Gesetzbuch, München, 62. Aufl. 2003, zitiert: Palandt-Bearbeiter

Pesch, Jürgen: Patronatserklärungen in Geschäftsberichten von Banken, WM 1998, 1609

Piltz, Burghard: Vom EuGVÜ zur Brüssel-I-VO, NJW 2002, 789

Pohlmann, André: Die Haftung wegen Verletzung von Aufklärungspflichten, Univ. Diss., Trier, 2001

Raape, Leo: Die Wollensbedingung, Halle, 2. Aufl. 1912

Reinicke, Dietrich / Tiedtcke, Klaus: Kreditsicherung, Neuwied u.a., 4. Aufl. 2000

Reischauer, Friedrich: Kreditwesengesetz, Kommentar, Berlin, Loseblatt

Rimmelspacher, Bruno: Kreditsicherungsrecht, München, 2. Aufl. 1987

Rippert, Klaus: Patronatserklärungen im deutschen und französichen Recht, Univ.Diss, Mainz 1982

Rosenberg, Oliver v. / Kruse, Tilmann: Patronatserklärungen in der M&A Praxis und in der Unternehmenskrise, BB 2003, 641

Rümker, Dietrich: Probleme der Patronatserklärung in der Kreditsicherungspraxis, WM 1974, 990

Schäfer, Carsten: Die harte Patronatserklärung – vergebliches Streben nach Sicherheit?, WM 1999, 153

Schaffland, Hans-Jürgen: Patronatserklärungen – eine Untersuchung des Sicherheitscharakters und ihrer Auswirkungen auf die Rechnungslegung, BB 1977, 1021

Schimansky, Herbert / Bunte, Herrmann-Josef / Lwowski, Hans-Jürgen (Hrsg.): Bankrechts-Handbuch, München, 1997

Schneider, Egon: Gesamtschuldverhältnisse im Prozess, MDR 1967, 353

Schneider, Uwe H.: Patronatserklärungen gegenüber der Allgemeinheit, ZIP 1989, 619

– Das Recht der Konzernfinanzierung, ZGR 1984, 497

Schröder, Jan: „Harte" Patronatserklärungen, ZGR 1982, 552

Schröter, Jürgen: Anmerkung zum Urteil des LG München I v. 2.3.1998 – 11 HKO 20623/97, in: WuB I F 1 c. – 1.98

Schütze, Rolf. A. / Weipert, Lutz (Hrsg.): Münchener Vertragshandbuch, Band 3, Wirtschaftsrecht, München, 1984

Seiler, Ilke: Die Patronatserklärung, Univ. Diss, Münster, 1981

Söllner, Alfred: Einführung in die römische Rechtsgeschichte, München, 2. Aufl. 1990

Soergel, Hans Theodor / Siebert Wolfgang: Bürgerliches Gesetzbuch, Einführungsgesetz, Stuttgart u.a., 12. Aufl. 1996

– Schuldrecht III (§§ 705-853), 1985, zitiert: Soergel-Bearbeiter

Sonnenhol, Jürgen / Groß, Wolfgang: Besicherung von Krediten Dritter an Konzernunternehmen, ZHR 195 (1995), 388

Staudinger, J. v.: Kommentar zur Bürgerlichen Gesetzbuch, Einführungsgesetz / IPR, Berlin, 13. Bearb., 2002

– Internationales Wirtschaftsrecht / IPR, Berlin, 13. Bearb. 2000, Buch 1: §§ 90-240, Berlin, 12. Bearb. 1980

– Buch 2: §§ 765-778, Berlin, 13. Bearb., 1997, zitiert: Staudinger-Bearbeiter

Stecher, Reiner: „Harte" Patronatserklärungen, rechtsdogmatische und praktische Probleme, Univ. Diss., Köln, 1978

Stein, Friedrich / Jonas, Martin: Kommentar zur Zivilprozessordnung, Teil 2,1 (§§ 253-299a), Tübingen, 20. Aufl. 1987

Swinne, Axel H.: Die finanzielle Führung und Kontrolle von Auslandsgesellschaften, Frankfurt a.M., 1983

Thomas, Heinz / Putzo, Hans: Zivilprozessordnung, München, 25. Aufl. 2003

Tipke, Klaus: Steuerrecht, Köln, 17. Aufl. 2002

Tipke, Klaus / Kruse, Heinrich Wilhelm: Abgabenordnung, Kommentar, Köln, Loseblatt, zitiert Tipke/Kruse-Bearbeiter

Ulmer, Peter: AGB-Gesetz, Köln, 9. Aufl. 2001

Wambach, Martin / Kirchmer, Thomas: Unternehmensrating: Weit reichende Konsequenzen für mittelständische Unternehmen und Wirtschaftsprüfer, BB 2002, 400

Westphalen, Friedrich, Graf von: Rechtsprobleme der Exportfinanzierung, Heidelberg, 1987

– AGB-Recht ins BGB – Eine erste Bestandsaufnahme, NJW 2002, 12

Wiedmann, Harald: Bilanzrecht, Kommentar zu den §§ 238-342a HGB, München, 1999

Wittuhn, Georg: Patronatserklärungen im anglo-amerikanischen Rechtskreis, RIW 1990, 495

Wolf, Christian Ulrich: Das Statut der Harten Patronatserklärung, IPrax 2000, 477

Wolf, Manfred / Horn, Norbert / Lindacher, Walter F.: AGB-Gesetz, Kommentar, München, 4. Aufl. 1999

Ziegler, Karl-Heinz: Die Wertlosigkeit der allgemeinen Regeln des BGB über die so genannte Wahlschuld, AcP 171 (1971), 193

Zimmer, Daniel: Das neue Recht der Leistungsstörungen, NJW 2002, 1

Zöller, Richard: Zivilprozessordnung, Köln, 23. Aufl. 2002

Verzeichnis der zitierten Rechtsprechung

BFH, Urt. v. 29.11.2000 – I R 85/99, DStR 2001, 737
BGH, Urt. v. 12.07.1955 – V ZR 74/54, NJW 1955, 1398
BGH, Urt. v. 10.10.1957 – VII ZR 419/56, BGHZ 25, 318
BGH, Urt. v. 12.10.1967 – VII ZR 8/65, BGHZ 48, 310
BGH, Urt. v. 24.11.1967 – VIII ZR 78/68, NJW 1970, 279
BGH, Urt. v. 17.02.1970 – III ZR 139/67, BGHZ 53, 245
BGH, Urt. v. 03.03.1971 – VIII ZR 55/70, NJW 1971, 1035
BGH, Urt. v. 19.02.1975 – VIII ZR 144/73, BGHZ 64, 46, 51
BGH, Urt. v. 24.02.1978 – V ZR 95/75, NJW 1978, 1584
BGH, Urt. v. 31.05.1978 – VIII ZR 263/76, NJW 1978, 2197
BGH, Urt. v. 24.03.1980 – II ZR 213/77, BGHZ 76, 326
BGH, Urt. v. 01.07.1980 – VI ZR 112/79, NJW 1980, 2186
BGH, Urt. v. 23.06.1981 – VI ZR 42/80, NJW 1981, 2741
BGH, Urt. v. 13.07.1981 – II ZR 256/79, BGHZ 81, 252
BGH, Urt. v. 29.03.1983 – VII ZR 172/81, NJW 1983, 1665
BGH, Urt. v. 24.11.1983 – III ZR 160/83, WM 1984, 131
BGH, Urt. v. 16.03.1984 – II ZR 14/84, BGHZ 90, 370
BGH, Urt. v. 26.03.1984 – II ZR 171/83, BGHZ 90, 381
BGH, Urt. v. 28.01.1985 – II ZR 10/84, WM 1985, 381
BGH, Urt. v. 24.04.1985 – IVb ZR 17/84, NJW 1985, 1835
BGH, Urt. v. 15.01.1987 – III ZR 222/85, NJW 1987, 1699
BGH, Urt. v. 23.03.1988 – VIII ZR 58/87, BGHZ 104, 82, 85
BGH, Urt. v. 01.07.1988 – IX ZR 117/86, NJW 1988, 200
BGH, Urt. v. 02.07.1991 – XI ZR 206/90, BGHZ 115, 90
BGH, Urt. v. 30.01.1992 – IX ZR 112/91, NJW 1992, 2093
BGH, Urt. v. 06.02.1992 – IX ZR 95/91, WM 1992, 742
BGH, Urt. v. 05.11.1992 – IX ZR 200/91, NJW 1993, 1320
BGH, Beschl. v. 12.07.1993 – II ZR 179/92, DStR 1993, 1753
BGH, Urt. v. 30.09.1993 – IX ZR 73/93, BGHZ 123, 311
BGH, Urt. v. 16.11.1993 – XI ZR 214/92, BGHZ 124, 151
BGH, Urt. v. 01.06.1994 – XI ZR 133/93, BGHZ 126, 174
BGH, Urt. v. 23.06.1994 – VII ZR 163/93, NJW-RR 1994, 1108
BGH, Urt. v. 10.01.1995 – IV ZR 31/94, NJW 1995, 1160
BGH, Urt. v. 31.01.1995 – XI ZR 56/94, NJW 1995, 1212
BGH, Urt. v. 18.05.1995 – IX ZR 108/94, BGHZ 130, 19

BGH, Urt. v. 18.01.1996	– IX ZR 69/95, BGHZ 132, 6.
BGH, Urt. v. 13.06.1996	– IX ZR 172/95, NJW 1996, 2569
BGH, Urt. v. 18.05.1998	– II ZR 19/97, NJW 1998, 2966
BGH, Urt. v. 12.10.1999	– XI ZR 24/99, NJW 2000, 276
BGH, Urt. v. 06.04.2000	– 1 StR 280/99, NJW 2000, 2364
BGH, Urt. v. 11.04.2000	– X ZR 19/98, NJW 2000, 2812
BGH, Urt. v. 11.09.2000	– II ZR 34/99, NJW 2001, 144
BGH, Urt. v. 12.12.2000	– XI ZR 72/00, NJW 2001, 1344
BGH, Urt. v. 08.05.2003	– IX ZR 334/01, BB 2003, 1300
FG Münster, Beschl. v. 24.01.2000	– 9 V 6384/89, IStR 2000, 342
FG Münster, Beschl. v. 21.08.2000	– 9 K 1193/00, EFG 2000, 1273
KG, Urt. v. 18.01.2002	– 14 U 3416/00, WM 2002, 1190
LG Berlin, Urt. v. 18.02.2000	– 94 O 93/99, WM 2000, 1060
LG München I, Urt. v. 02.03.1998	– 11 HKO 20623/97, WM 1998, 1285
Nieders. FG, Urt. v. 23.03.1999	– VI 357/95, DStRE 2000, 409
OLG Celle, Urt. v. 28.06.2000	– 9 U 54/00, GmbHR 2001, 303
OLG Düsseldorf, Urt. v. 26.01.1989	– 6 U 23/88, WM 1989, 1642
OLG Düsseldorf, Urt. v. 28.11.1996	– 6 U 11/95, ZIP 1997, 27
OLG Hamburg, Urt. v. 06.05.1966	– 6 U 194/65, MDR 1967, 50
OLG Karlsruhe, Urt. v. 23.03.1992	– 15 U 123/91, DStR 1993, 486
OLG Nürnberg, Urt. v. 09.12.1998	– 12 U 2626/98, IPrax 1999, 464
OLG Stuttgart, Urt. v. 21.02.1985	– 7 U 202/84, WM 1985, 455